Vilma Mönckeberg · Die Märchentruhe

Zu diesem Band gibt es auch die Tonkassette
»Märchen aus der Märchentruhe« (Titel Nr. 3-7707-4201-X),
auf der Felicitas Betz elf Märchen erzählt
(Spieldauer ca. 60 Min.).

Dieses Buch ist nach den neuen Regeln
der Rechtschreibreform gesetzt.

5 4 3 2 1   00 99 98 97

© 1997 Verlag Heinrich Ellermann, München
Printed in Germany
ISBN 3-7707-3053-4

Die Märchentruhe

45 Märchen
gesammelt von Vilma Mönckeberg-Kollmar
Neu zusammengestellt
und mit einem Nachwort versehen
von Felicitas Betz
Mit Illustrationen von Lilo Fromm

Ellermann Verlag

Inhalt

5

* Diese Märchen finden sich auch auf der Tonkassette
»Märchen aus der Märchentruhe«, erzählt von Felicitas Betz.

1. Von großen und kleinen Tieren

Die Bremer Stadtmusikanten

Es hatte ein Mann einen Esel, der schon lange Jahre die Säcke unverdrossen zur Mühle getragen hatte, dessen Kräfte aber nun zu Ende gingen, so dass er zur Arbeit immer untauglicher ward. Da dachte der Herr daran, ihn aus dem Futter zu schaffen, aber der Esel merkte, dass kein guter Wind wehte, lief fort und machte sich auf den Weg nach Bremen. Dort, meinte er, könnte er ja Stadtmusikant werden.

Als er ein Weilchen fortgegangen war, fand er einen Jagdhund auf dem Wege liegen, der japste wie einer, der sich müde gelaufen hat. »Nun, was japst du so, Packan?«, fragte der Esel.

»Ach«, sagte der Hund, »weil ich alt bin und jeden Tag schwächer werde, auch auf der Jagd nicht mehr fort kann, hat mich mein Herr wollen totschlagen, da hab ich Reißaus genommen. Aber womit soll ich nun mein Brot verdienen?« – »Weißt du was«, sprach der Esel, »ich gehe nach Bremen und werde dort Stadtmusikant. Geh mit und lass dich auch bei der Musik annehmen. Ich spiele die Laute und du schlägst die Pauke.« Der Hund war's zufrieden und sie gingen weiter.

Es dauerte nicht lange, so saß da eine Katze an dem Weg und machte ein Gesicht wie drei Tage Regenwetter. »Nun, was ist dir in die Quere gekommen, alter Bartputzer?«, sprach der Esel. »Wer kann da lustig sein, wenn's einem an den Kragen geht«, antwortete die Katze. »Weil ich nun zu Jahren komme, meine Zähne stumpf werden und ich lieber hinter dem Ofen sitze und spinne als nach Mäusen herumjage, hat mich meine Frau ersäufen wollen. Ich habe mich zwar noch fortgemacht, aber nun ist guter Rat teuer: Wo soll ich hin?« – »Geh mit uns nach Bremen. Du verstehst dich doch auf die Nachtmusik, da kannst du ein Stadtmusikant werden.« Die Katze hielt das für gut und ging mit.

Darauf kamen die drei Landesflüchtigen an einem Hof vorbei, da saß auf dem Tor der Haushahn und schrie aus Leibeskräften. »Du schreist einem durch Mark und Bein«, sprach der Esel, »was hast du vor?« – »Da hab ich gut Wetter prophezeit«, sprach der Hahn, »weil

Unserer Lieben Frauen Tag ist, da sie dem Christkindlein die Hemdchen gewaschen hat und sie trocknen will. Aber weil zum Sonntag
Gäste kommen, so hat die Hausfrau doch kein Erbarmen und hat der
Köchin gesagt, sie wollte mich morgen in der Suppe essen, und da soll
ich mir heute Abend den Kopf abschneiden lassen. Nun schrei ich aus
vollem Hals, so lang ich noch kann.« – »Ei was, du Rotkopf«, sagte der
Esel, »zieh lieber mit uns fort, wir gehen nach Bremen. Etwas Besseres
als den Tod findest du überall. Du hast eine gute Stimme und wenn wir
zusammen musizieren, so muss es eine Art haben.« Der Hahn ließ sich
den Vorschlag gefallen und sie gingen alle viere zusammen fort.

Sie konnten aber die Stadt Bremen in einem Tag nicht erreichen und
kamen abends in einen Wald, wo sie übernachten wollten. Der Esel
und der Hund legten sich unter einen großen Baum, die Katze machte
sich in die Äste, der Hahn aber flog bis in die Spitze, wo es am sichers-
ten für ihn war. Ehe er einschlief, sah er sich noch einmal nach allen vier
Winden um, da deuchte ihm, er sähe in der Ferne ein Fünkchen brennen, und rief seinen Gesellen zu, es müsste gar nicht weit ein Haus sein,
denn es scheine ein Licht. Sprach der Esel: »So müssen wir uns aufma-
chen und noch hingehen, denn hier ist die Herberge schlecht.« Der
Hund meinte, ein paar Knochen und etwas Fleisch daran täten ihm
auch gut. Also machten sie sich auf den Weg nach der Gegend, wo das
Licht war, und sahen es bald heller schimmern. Und es ward immer
größer, bis sie vor ein hell erleuchtetes Räuberhaus kamen. Der Esel, als
der Größte, näherte sich dem Fenster und schaute hinein.

»Was siehst du, Grauschimmel?«, fragte der Hahn. »Was ich sehe?«,
antwortete der Esel. »Einen gedeckten Tisch mit schönem Essen und
Trinken und Räuber sitzen daran und lassen's sich wohl sein.« – »Das
wäre was für uns«, sprach der Hahn. »Ja, ja, ach, wären wir da!«, sagte
der Esel. Da ratschlagten die Tiere, wie sie es anfangen müssten, um die
Räuber hinauszujagen, und fanden endlich ein Mittel. Der Esel musste
sich mit den Vorderfüßen auf das Fenster stellen, der Hund auf des
Esels Rücken springen, die Katze auf den Hund klettern. Und endlich
flog der Hahn hinauf und setzte sich der Katze auf den Kopf. Wie das

geschehen war, fingen sie auf ein Zeichen insgesamt an, ihre Musik zu machen: Der Esel schrie, der Hund bellte, die Katze miaute und der Hahn krähte. Dann stürzten sie durch das Fenster in die Stube hinein, dass die Scheiben klirrten. Die Räuber fuhren bei dem entsetzlichen Geschrei in die Höhe, meinten nichts anderes, als ein Gespenst käme herein, und flohen in größter Furcht in den Wald hinaus. Nun setzten sich die vier Gesellen an den Tisch, nahmen mit dem vorlieb, was übrig geblieben war, und aßen, als wenn sie vier Wochen hungern sollten.

Wie die vier Spielleute fertig waren, löschten sie das Licht aus und suchten sich eine Schlafstätte, jeder nach seiner Natur und Bequemlichkeit. Der Esel legte sich auf den Mist, der Hund hinter die Türe, die Katze auf den Herd bei der warmen Asche und der Hahn setzte sich auf den Hahnenbalken. Und weil sie müde waren von ihrem langen Weg, schliefen sie auch bald ein. Als Mitternacht vorbei war und die Räuber von weitem sahen, dass kein Licht mehr im Haus brannte, auch alles ruhig schien, sprach der Hauptmann: »Wir hätten uns doch nicht sollen ins Bockshorn jagen lassen«, und hieß einen hingehen und das Haus untersuchen. Der Abgeschickte fand alles still, ging in die Küche, ein Licht anzuzünden; weil er die glühenden, feurigen Augen der Katze für lebendige Kohlen ansah, hielt er ein Schwefelhölzchen daran, dass es Feuer fangen sollte. Aber die Katze verstand keinen Spaß, sprang ihm ins Gesicht, spie und kratzte. Da erschrak er gewaltig, lief und wollte zur Hintertür hinaus, aber der Hund, der da lag, sprang auf und biss ihn ins Bein. Und als er über den Hof an dem Mist vorbeirannte, gab ihm der Esel noch einen tüchtigen Schlag mit dem Hinterfuß. Der Hahn aber, der vom Lärm aus dem Schlaf geweckt und munter geworden war, rief vom Balken herab: »Kikeriki!« Da lief der Räuber was er konnte zu seinem Hauptmann zurück und sprach: »Ach, in dem Haus sitzt eine gräuliche Hexe, die hat mich angehaucht und mit ihren langen Fingern mir das Gesicht zerkratzt. Und vor der Türe steht ein Mann mit einem Messer, der hat mich ins Bein gestochen. Und auf dem Hof liegt ein schwarzes Ungetüm, das hat mit einer Holzkeule auf mich losgeschlagen. Und oben auf dem Dache, da sitzt

11

der Richter, der rief: ›Bringt mir den Schelm her!‹ Da machte ich, dass ich fortkam.« Von nun an getrauten sich die Räuber nicht wieder in das Haus. Den vier Bremer Musikanten gefiel's aber so wohl darin, dass sie nicht wieder herauswollten. Und der das zuletzt erzählt hat, dem ist der Mund noch warm.

Der Wolf

Es waren einmal ein Mann und eine Frau, die hatten sieben Schafe, ein stumpfschwänziges Fohlen und einen Hund und eine Katze. Zum Schafehüten hatten sie einen Burschen von vierzehn Jahren. Eines Tages zog der Bursche mit seinem Vesperbrot und den sieben Schafen hinaus. Da kam der Wolf und sagte zu dem Burschen: »Das sind aber schöne Schafe; gehören sie dir?« – »Ja«, sagte der Bursche. »Gib mir dein Vesperbrot, sonst fresse ich eins von deinen Schafen!«, sagte der Wolf. »Nein, das Vesperbrot gebe ich dir nicht!«, sagte der Bursche. Da fraß der Wolf ein Schaf. Am nächsten Tag, als der Knabe wieder mit seinem Vesperbrot und den sechs Schafen auszog, kam der Wolf wieder und es ging wie am Tage zuvor. Und so ging es jeden Tag, bis der Wolf alle Schafe aufgefressen hatte. Da wurde der Herr des Burschen böse und hieß ihn das stumpfschwänzige Fohlen hüten. Eines Tages ging der Bursche hinaus auf die Weide, um nach dem Fohlen zu sehen; da begegnete er wieder dem Wolf und der sagte: »Bursche, gib mir dein Vesperbrot, sonst fresse ich das Fohlen.« Aber der Bursche wollte sein Vesperbrot nicht herausgeben und da fraß der Wolf das Fohlen. Wie nun der Bursche nach Hause kam und erzählte, was passiert war, sagte der Bauer, nun solle er in den Wald hinausgehen und die Schafe und das Fohlen suchen. Der Bursche ging auch, obgleich er wusste, dass der Wolf die Tiere gefressen hatte. Als er ein Stück weit gegangen war, zog er sein Vesperbrot aus der Tasche und fing an zu essen. Da kam der

Wolf und sagte: »Bursche, gib mir dein Vesperbrot, sonst fresse ich dich!« Aber der Bursche wollte sein Brot nicht hergeben und da fraß der Wolf ihn auf.

Die Leute zu Hause dachten, es dauere doch recht lange, bis der Bursche heimkomme und sie schickten den Knecht nach ihm aus. Der Knecht begegnete ebenfalls dem Wolf und fragte ihn, ob er nicht einen Burschen gesehen habe und sieben Schafe und ein stumpfschwänziges Fohlen. Der Wolf gab zur Antwort: »Die liegen in meinem Bauch und rumpeln und pumpeln; es ist auch für dich noch gut Platz darin.« Und kaum hatte er das gesagt, so fraß er den Knecht auf. Den Leuten zu Hause kam es vor, als ob der Knecht gar zu lange ausbliebe und sie schickten die Magd nach ihm aus. Die begegnete ebenfalls dem Wolf und fragte, ob er nicht einen Knecht gesehen habe und sieben Schafe, ein stumpfschwänziges Fohlen und einen Burschen. Der Wolf gab zur Antwort: »Die liegen in meinem Bauch und rumpeln und pumpeln; und für dich ist auch noch gut Platz darin«, und damit fraß er auch die Magd auf. Der Bauer wartete lange auf die Magd; schließlich wurde er aber ungeduldig und ging selbst aus, um sie zu suchen. Als er dem Wolf begegnete, fragte er ihn, ob er nicht einen Burschen gesehen habe und einen Knecht, eine Magd, sieben Schafe und ein stumpfschwänziges Fohlen. Der Wolf sagte: »Die liegen in meinem Bauch und rumpeln und pumpeln; und für dich ist auch noch gut Platz darin!« Und kaum hatte er das gesagt, so fraß er den Mann auf. Die Frau zu Hause wartete lange auf ihren Mann; aber schließlich hatte sie keine Ruhe mehr und ging auf die Suche nach ihm. Da begegnete sie dem Wolf und fragte ihn, ob er nicht einen Burschen gesehen habe und sieben Schafe, ein stumpfschwänziges Fohlen, einen Knecht, eine Magd und einen Mann. »Ja«, sagte der Wolf, »die liegen in meinem Bauch und rumpeln und pumpeln; und für dich ist auch noch gut Platz darin!« Und damit fraß er auch die Frau auf. Nun kam es dem Hund daheim recht einsam vor und er machte sich auf die Suche nach seinen Leuten. Bald traf er den Wolf und fragte ihn, ob er nicht einen Burschen gesehen habe und sieben Schafe, ein stumpfschwänziges Fohlen, einen Knecht, eine Magd, einen Mann und eine Frau. Der Wolf gab zur Antwort: »Die liegen in meinem Bauch und rumpeln und pumpeln; und für dich ist auch noch gut Platz darin.« Nun war keiner mehr zu Hause als die Katze; und die fand es auch bald langweilig und machte sich auf, um die anderen zu suchen. Sie traf ebenfalls den Wolf und fragte ihn, ob er nicht einen Burschen gesehen habe und sieben Schafe, ein stumpfschwänziges Fohlen, einen Knecht, eine Magd, einen Mann, eine Frau und einen Hund. »Ja«, sagte der Wolf, »die liegen in meinem Bauch und rumpeln und pumpeln; und für dich ist auch noch gut Platz darin!« Und damit schluckte der Wolf auch die Katze.

Aber nun hatte er so viel gefressen, dass nicht mehr alles in ihm Platz hatte; der Hund und die Katze fingen Streit an und schließlich kratzten sie ihm den Bauch auf. Und nun plumpsten sie alle heraus, der Bursche mit den sieben Schafen, das stumpfschwänzige Fohlen, der Knecht, die Magd, der Mann, die Frau, der Hund und die Katze. Sie waren alle noch ganz lebendig und überfielen gemeinsam den Wolf, schlugen ihn tot und gingen froh und munter wieder nach Hause.

Der Wolf und die sieben jungen Geißlein

Es war einmal eine alte Geiß, die hatte sieben junge Geißlein und hatte sie lieb, wie eine Mutter ihre Kinder lieb hat. Eines Tages wollte sie in den Wald gehen und Futter holen, da rief sie alle sieben herbei und sprach: »Liebe Kinder, ich will hinaus in den Wald, seid auf der Hut vor dem Wolf. Wenn er hereinkommt, so frisst er euch alle mit Haut und Haar. Der Bösewicht verstellt sich oft, aber an seiner rauen Stimme und an seinen schwarzen Füßen werdet ihr ihn gleich erkennen.« Die Geißlein sagten: »Liebe Mutter, wir wollen uns schon in Acht nehmen, Ihr könnt ohne Sorge fortgehen.« Da meckerte die Alte und machte sich getrost auf den Weg.

Es dauerte nicht lange, so klopfte jemand an die Haustür und rief: »Macht auf, ihr lieben Kinder, eure Mutter ist da und hat jedem von euch etwas mitgebracht.« Aber die Geißerchen hörten an der rauen Stimme, dass es der Wolf war: »Wir machen nicht auf«, riefen sie, »du bist unsere Mutter nicht, die hat eine feine liebliche Stimme, aber deine Stimme ist rau; du bist der Wolf.« Da ging der Wolf fort zu einem Krämer und kaufte sich ein Stück Kreide: Die aß er und machte damit seine Stimme fein. Dann kam er zurück, klopfte an die Haustür und rief: »Macht auf, ihr lieben Kinder, eure Mutter ist da und hat jedem von euch etwas mitgebracht.« Aber der Wolf hatte seine schwarze Pfote in das Fenster gelegt, das sahen die Kinder und riefen: »Wir machen nicht auf, unsere Mutter hat keinen schwarzen Fuß wie du; du bist der Wolf.« Da lief der Wolf zu einem Müller und sprach: »Ich habe mich an den Fuß gestoßen, streich mir Mehl auf meine Pfote.« Der Müller dachte, der Wolf will einen betrügen, und weigerte sich; aber der Wolf sprach: »Wenn du es nicht tust, so fresse ich dich.« Da fürchtete sich der Müller und machte ihm die Pfote weiß. Ja, so sind die Menschen.

Nun ging der Bösewicht zum dritten Mal zu der Haustüre, klopfte an und sprach: »Macht mir auf, Kinder, euer liebes Mütterchen ist heimgekommen und hat jedem von euch etwas mitgebracht.« Die Geißerchen riefen: »Zeig uns erst deine Pfote, damit wir wissen, dass du unser liebes Mütterchen bist.« Da legte er die Pfote ins Fenster und als sie sahen, dass sie weiß war, so glaubten sie, es wäre alles wahr, was er sagte, und machten die Türe auf. Wer aber hereinkam, das war der Wolf. Sie erschraken und wollten sich verstecken. Das eine sprang unter den Tisch, das zweite ins Bett, das dritte in den Ofen, das vierte in die Küche, das fünfte in den Schrank, das sechste unter die Waschschüssel, das siebente in den Kasten der Wanduhr. Aber der Wolf fand sie alle und machte nicht langes Federlesen: Eins nach dem andern schluckte er in seinen Rachen; nur das jüngste in dem Uhrkasten, das fand er nicht. Als der Wolf seine Lust gebüßt hatte, trollte er sich fort, legte sich draußen auf der grünen Wiese unter einen Baum und fing an zu schlafen. Nicht lange danach kam die alte Geiß aus dem Walde wieder heim. Ach, was musste sie da erblicken! Die Haustüre stand sperrweit offen: Tisch, Stühle und Bänke waren umgeworfen, die Waschschüssel lag in Scherben, Decke und Kissen waren aus dem Bett gezogen. Sie suchte ihre Kinder, aber nirgends waren sie zu finden. Sie rief sie nacheinander bei Namen, aber niemand antwortete. Endlich, als sie an das jüngste kam, da rief eine feine Stimme: »Liebe Mutter, ich stecke im Uhrkasten.« Sie holte es heraus und es erzählte ihr, dass der Wolf gekommen wäre und die andern alle gefressen hätte. Da könnt ihr denken, wie sie über ihre armen Kinder geweint hat.

Endlich ging sie in ihrem Jammer hinaus und das jüngste Geißlein lief mit. Als sie auf die Wiese kam, so lag da der Wolf an dem Baum und schnarchte, dass die Äste zitterten. Sie betrachtete ihn von allen Seiten und sah, dass in seinem angefüllten Bauch sich etwas regte und zappelte. Ach Gott, dachte sie, sollten meine armen Kinder, die er zum Abendbrot hinuntergewürgt hat, noch am Leben sein? Da musste das Geißlein nach Haus laufen und Schere, Nadel und Zwirn holen. Dann schnitt sie dem Ungetüm den Wanst auf und kaum hatte sie einen Schnitt getan, so streckte schon ein Geißlein den Kopf heraus, und als sie weiterschnitt, so sprangen nacheinander alle sechse heraus und waren noch alle am Leben und hatten nicht einmal Schaden gelitten, denn das Ungetüm hatte sie in der Gier ganz hinuntergeschluckt. Das war eine Freude! Da herzten sie ihre liebe Mutter und hüpften wie ein Schneider, der Hochzeit hält. Die Alte aber sagte: »Jetzt geht und sucht Wackersteine, damit wollen wir dem gottlosen Tier den Bauch füllen, solange es noch im Schlafe liegt.« Da schleppten die sieben Geißerchen in aller Eile die Steine herbei und steckten sie ihm in den Bauch, so viel sie hineinbringen konnten. Dann nähte ihn die Alte in aller Geschwindigkeit zu, da er nichts merkte und sich nicht einmal regte.

Als der Wolf endlich ausgeschlafen hatte, machte er sich auf die Beine, und weil ihm die Steine im Magen so großen Durst erregten, so wollte er zu einem Brunnen gehen und trinken. Als er aber anfing zu gehen und sich hin und her zu bewegen, so stießen die Steine in seinem Bauch aneinander und rappelten. Da rief er:

>»Was rumpelt und pumpelt
in meinem Bauch herum?
Ich meinte, es wären sechs Geißlein,
so sind's lauter Wackerstein.«

Und als er an den Brunnen kam und sich über das Wasser bückte und trinken wollte, da zogen ihn die schweren Steine hinein und er musste jämmerlich ersaufen. Als die sieben Geißlein das sahen, da kamen sie herbeigelaufen, riefen laut: »Der Wolf ist tot! Der Wolf ist tot!«, und tanzten mit ihrer Mutter vor Freude um den Brunnen herum.

Die drei kleinen Hühnchen
Ein französisches Märchen

Es waren einmal drei kleine Hühnchen, welche der Vater und die Mutter aus dem Hause gejagt hatten: ein weißes, ein schwarzes und ein rotes. Nachdem sie eine Weile geweint hatten, sagten sie zueinander: »Was sollen wir machen?« Sie gingen auf Abenteuer aus und wanderten weit, weit, weit davon. Nachdem sie eine Zeit lang gewandert waren, fanden sie einen großen Steinhaufen. Sie machten Halt und sagten zueinander: »Wenn wir mit diesen Steinen eine kleine Hütte bauen würden?« Gesagt, getan; sie machten sich an die Arbeit. Als die Hütte fertig war, sagte das rote Hühnchen, welches das schlauste war: »Ich will versuchen, ob sie gut schließt.« Es schloss sich ein und wollte den andern nicht öffnen. Das schwarze und das weiße Hühnchen sahen, dass hier auf keine Barmherzigkeit zu hoffen sei, und gingen weiter.

Sie fanden einen anderen Steinhaufen und sagten zueinander: »Wenn wir eine kleine Hütte bauen würden?« Gesagt, getan; sie machten sich an die Arbeit. Als die Hütte fertig war, sagte das Schwarze: »Ich will versuchen, ob sie gut schließt!« Es schloss sich ein und wollte dem Weißen nicht öffnen.

Das arme Weiße ging unter Tränen davon; es begann zu laufen, aber das nützte nicht, nirgends fand es etwas. Die Nacht überraschte es, da hielt es inne und weinte. »Ach, was soll aus mir werden?« Im gleichen Augenblick bemerkte es eine schöne Frau, welche zu ihm sprach: »Was machst du da, liebes kleines Hühnchen? Warum weinst du?« Das kleine Hühnchen erzählte ihr, was geschehen war. Die schöne Frau aber war die Heilige Jungfrau, sie sagte zu ihm: »Weine nicht mehr, du wirst eine schönere Hütte bekommen als deine Schwestern. Aber behalte gut in Acht, was ich dir sage: Wenn jemand an deine Türe klopft, so darfst du nicht öffnen, denn es möchte der Wolf sein, der dich fressen will.« Mit diesen Worten verschwand die Heilige Jungfrau und an ihrer Stelle stand ein schönes Schloss.

Der Wolf kam zur Hütte des kleinen roten Hühnchens und sagte zu ihm: »Mach mir auf!« Das kleine Hühnchen antwortete: »Nein, nein, nein, du bist der Wolf, du würdest mich fressen!« Der Wolf sagte zu ihm: »Ich werde trampeln und trampeln, bis deine Hütte einbricht!« Das kleine Hühnchen erwiderte: »Du magst trampeln und trampeln, meine Hütte wird nicht einbrechen!« Er trampelte und trampelte, die Hütte brach ein und der Wolf fraß es.

Dann ging er zu der Hütte des kleinen schwarzen Hühnchens und sagte zu ihm: »Kleines Hühnchen, mach mir auf!« – »Nein, nein, nein, du bist der Wolf, du würdest mich fressen!« – »Ich werde trampeln und trampeln, bis deine Hütte einbricht!« – »Du magst trampeln und trampeln, meine Hütte wird nicht einbrechen.« Er trampelte und trampelte, die Hütte brach ein und der Wolf fraß es.

Er ging zum Schlösschen des kleinen weißen Hühnchens und sagte zu ihm: »Kleines Hühnchen, mach mir auf!« – »Nein, nein, nein, du bist der Wolf, du würdest mich fressen!« – »Ich werde trampeln und trampeln, bis dein Schlösschen einbricht!« – »Du magst trampeln und trampeln, mein Schlösschen wird nicht einbrechen.«

Er trampelte und trampelte, aber das Schlösschen brach nicht ein und der Wolf kam um. Der Hahn krähte und das alberne Geschichtchen ist aus.

Der Jaguar und der Blitzstrahl

Ein indianisches Märchen

Der Jaguar traf den Blitzstrahl, der gerade eine Keule machte. Der Jaguar kam von hinten und der Blitzstrahl merkte es nicht. Der Jaguar glaubte, es wäre ein Tier und wollte ihn fressen. Er sprang auf den Blitzstrahl los, fasste ihn aber nicht.

Da fragte der Jaguar den Blitzstrahl, ob er wohl Kraft hätte. Der Blitzstrahl antwortete: »Nein, ich habe gar keine Kraft.«

Da sagte der Jaguar: »Ich habe aber Kraft! Sieh her, ich breche alle Äste, ich habe sehr viel Kraft!«

Der Jaguar kletterte auf einen Baum und brach alle Äste ab, dann stieg er auf den Boden, riss alles Gras aus und zerwühlte die Erde mit den Krallen, bis er anfing zu schwitzen.

Dann sagte er: »Uff! Siehst du, so bin ich! Ich habe Kraft. Ich bin nicht so wie du.«

Dann setzte er sich neben den Blitzstrahl mit dem Rücken nach ihm.

Als er sich gesetzt hatte, nahm der Blitzstrahl seine kleine Keule und schwang sie einmal.

Da kamen Blitz, Donner, Sturm und Regen!

Der Jaguar bekam Todesangst und sprang auf einen Baum. Aber der Blitzstrahl zerschlug den Baum und der Jaguar fiel auf die Erde.

Der Blitzstrahl fasste den Jaguar an den Beinen und schleuderte ihn fort.

Der Jaguar verkroch sich unter einem Fels. Der Blitzstrahl zerschlug den Fels.

So lief der Jaguar hin und her, versteckte sich hier und dort. Aber der Blitzstrahl zerschlug alles, Bäume, Felsen und Erde.

Schließlich war der Jaguar so matt, dass er nicht mehr laufen konnte. Ganz zusammengerollt lag er vor dem Blitzstrahl, da ließ der von ihm ab und sagte: »Siehst du, andere Leute haben auch Kraft.«

Seither hat der Jaguar eine furchtbare Angst vor dem Gewitter.

Der Zaunkönig

In alten Zeiten, da hatte jeder Klang noch Sinn und Bedeutung. Wenn der Hammer des Schmieds ertönte, so rief er: »Smiet mi to! Smiet mi to!« Wenn der Hobel des Tischlers schnarrte, so sprach er: »Dor haest! Dor, dor haest!« Fing das Räderwerk der Mühle an zu klappern, so sprach es: »Help, Herr Gott! Help, Herr Gott!« Und war der Müller ein Betrüger und ließ die Mühle an, so sprach sie hochdeutsch und fragte erst langsam: »Wer ist da? Wer ist da?«, dann antwortete sie schnell: »Der Müller! Der Müller!«, und endlich ganz geschwind: »Stiehlt tapfer, stiehlt tapfer, vom Achtel drei Sechter.«

Zu dieser Zeit hatten auch die Vögel ihre eigene Sprache, die jedermann verstand, jetzt lautet es nur wie ein Zwitschern, Kreischen und Pfeifen und bei einigen wie Musik ohne Worte. Es kam aber den Vögeln in den Sinn, sie wollten nicht länger ohne Herrn sein und einen unter sich zu ihrem König wählen. Nur einer von ihnen, der Kiebitz, war dagegen; frei hatte er gelebt, frei wollte er sterben, und angstvoll hin und her fliegend rief er: »Wo bliew ick? Wo bliew ick?« Er zog sich zurück in einsame und unbesuchte Sümpfe und zeigte sich nicht wieder unter seinesgleichen.

Die Vögel wollten sich nun über die Sache besprechen und an einem schönen Maimorgen kamen sie alle aus Wäldern und Feldern zusammen, Adler und Buchfink, Eule und Krähe, Lerche und Sperling, was soll ich sie alle nennen? Selbst der Kuckuck kam und der Wiedehopf, sein Küster, der so heißt, weil er sich immer ein paar Tage früher hören lässt; auch ein ganz kleiner Vogel, der noch keinen Namen hatte, mischte sich unter die Schar. Das Huhn, das zufällig von der ganzen Sache nichts gehört hatte, verwunderte sich über die große Versammlung. »Wat, wat, wat is den dar to don?«, gackerte es, aber der Hahn beruhigte seine liebe Henne und sagte: »Lauter riek Lüt«, erzählte ihr auch, was sie vorhätten. Es ward aber beschlossen, dass der König sein sollte, der am höchsten fliegen könnte. Ein Laubfrosch, der im Gebüsche saß, rief, als er das hörte, warnend: »Natt, natt, natt! Natt, natt, natt!«, weil er meinte, es würden deshalb viel Tränen vergossen werden. Die Krähe aber sagte: »Quark ok!«, es sollte alles friedlich abgehen.

Es ward nun beschlossen, sie wollten gleich an diesem schönen Morgen aufsteigen, damit niemand hinterher sagen könnte: »Ich wäre wohl noch höher geflogen, aber der Abend kam, da konnte ich nicht mehr.« Auf ein gegebenes Zeichen erhob sich also die ganze Schar in die Lüfte. Der Staub stieg da von dem Felde auf, es war ein gewaltiges Sausen und Brausen und Fittichschlagen und es sah aus, als wenn eine schwarze Wolke dahinzöge.

Die kleineren Vögel aber blieben bald zurück, konnten nicht weiter und fielen wieder auf die Erde. Die größeren hielten's länger aus, aber keiner konnte es dem Adler gleichtun, der stieg so hoch, dass er der Sonne hätte die Augen aushacken können. Und als er sah, dass die andern nicht zu ihm heraufkonnten, so dachte er: Was willst du noch höher fliegen, du bist doch der König, und fing an, sich wieder herabzulassen.

Die Vögel unter ihm riefen ihm alle gleich zu: »Du musst unser König sein, keiner ist höher geflogen als du.« – »Ausgenommen ich«, schrie der kleine Kerl ohne Namen, der sich in den Brustfedern des Adlers verkrochen hatte. Und da er nicht müde war, so stieg er auf und stieg so hoch, dass er Gott auf seinem Stuhle konnte sitzen sehen. Als er aber so weit gekommen war, legte er seine Flügel zusammen, sank herab und rief unten mit seiner durchdringenden Stimme: »König bün ick! König bün ick!«

»Du unser König?«, schrien die Vögel zornig. »Durch Ränke und Listen hast du es dahin gebracht.« Sie machten eine andere Bedingung: Der sollte ihr König sein, der am tiefsten in die Erde fallen könnte. Wie klatschte da die Gans mit ihrer breiten Brust wieder auf das Land! Wie scharrte der Hahn schnell ein Loch! Die Ente kam am schlimmsten weg, sie sprang in einen Graben, verrenkte sich aber die Beine und watschelte fort zum nahen Teich mit dem Ausruf: »Pracherwerk! Pracherwerk!« Der Kleine ohne Namen aber suchte ein Mäuseloch, schlüpfte hinab und rief mit seiner feinen Stimme heraus: »König bün ick! König bün ick!«

»Du unser König?«, riefen die Vögel noch zorniger. »Meinst du, deine Listen sollten gelten?« Sie beschlossen, ihn in seinem Loch gefangenzuhalten und auszuhungern. Die Eule ward als Wache davorgestellt: Sie sollte den Schelm nicht herauslassen, so lieb ihr das Leben wäre.

Als es aber Abend geworden war und die Vögel von der Anstrengung beim Fliegen große Müdigkeit empfanden, so gingen sie mit Weib und Kind zu Bett. Die Eule allein blieb bei dem Mäuseloch stehen und blickte mit ihren großen Augen unverwandt hinein. Indessen war sie auch müde geworden und dachte: Ein Auge kannst du wohl zutun, du wachst ja noch mit dem andern und der kleine Bösewicht soll mir nicht aus seinem Loch heraus. Also tat sie das eine Auge zu und schaute mit dem andern steif auf das Mäuseloch. Der kleine Kerl guckte mit dem Kopf heraus und wollte wegwitschen, aber die Eule trat gleich davor und er zog den Kopf wieder zurück. Dann tat die Eule das eine Auge wieder auf und das andere zu und wollte so die ganze Nacht abwechseln. Aber als sie das eine Auge wieder zumachte, vergaß sie das andere aufzutun, und sobald die beiden Augen zu waren, schlief sie ein. Der Kleine merkte das bald und schlüpfte weg.

Von der Zeit an darf sich die Eule nicht mehr am Tage sehen lassen, sonst sind die anderen Vögel hinter ihr her und zerzausen ihr das Fell. Sie fliegt nur zur Nachtzeit aus, hasst aber und verfolgt die Mäuse, weil sie solche bösen Löcher machen. Auch der kleine Vogel lässt sich nicht gern sehen, weil er fürchtet, es ginge ihm an den Kragen, wenn er erwischt würde. Er schlüpft in den Zäunen herum und wenn er ganz sicher ist, ruft er wohl zuweilen: »König bün ick!«, und deshalb nennen ihn die anderen Vögel aus Spott Zaunkönig.

Niemand aber war froher als die Lerche, dass sie dem Zaunkönig nicht zu gehorchen brauchte. Wie sich die Sonne blicken lässt, steigt sie in die Lüfte und ruft: »Ach, wo is dat schön! Schön is dat! Schön! Schön! Ach, wo is dat schön!«

Katze und Maus in Gesellschaft

Eine Katze hatte Bekanntschaft mit einer Maus gemacht und ihr so viel von der großen Liebe und Freundschaft vorgesagt, die sie zu ihr trüge, dass die Maus endlich einwilligte, mit ihr zusammen in einem Hause zu wohnen und gemeinschaftliche Wirtschaft zu führen. »Aber für den Winter müssen wir Vorsorge tragen, sonst leiden wir Hunger«, sagte die Katze. »Du, Mäuschen, kannst dich nicht überall hinwagen und gerätst mir am Ende in eine Falle.«

Der gute Rat ward also befolgt und ein Töpfchen mit Fett angekauft. Sie wussten aber nicht, wo sie es hinstellen sollten, endlich nach langer Überlegung sprach die Katze: »Ich weiß keinen Ort, wo es besser aufgehoben wäre, als die Kirche. Da getraut sich niemand etwas wegzunehmen. Wir stellen es unter den Altar und rühren es nicht eher an, als bis wir es nötig haben.« Das Töpfchen ward also in Sicherheit gebracht, aber es dauerte nicht lange, so trug die Katze Gelüste danach und sprach zur Maus: »Was ich dir sagen wollte, Mäuschen: Ich bin von meiner Base zu Gevatter gebeten. Sie hat ein Söhnchen zur Welt gebracht, weiß mit braunen Flecken, das soll ich über die Taufe halten. Lass mich heute ausgehen und besorge du das Haus allein.« – »Ja, ja«, antwortete die Maus, »geh in Gottes Namen. Wenn du was Gutes isssest, so denk an mich: Von dem süßen, roten Kindbetterwein tränk ich auch gerne ein Tröpfchen.«

Es war aber alles nicht wahr, die Katze hatte keine Base und war nicht zu Gevatter gebeten. Sie ging geradewegs nach der Kirche, schlich zu dem Fetttöpfchen, fing an zu lecken und leckte die fette Haut ab. Dann machte sie einen Spaziergang auf den Dächern der Stadt, besah sich die Gelegenheit, streckte sich hernach in der Sonne aus und wischte sich den Bart, sooft sie an das Fetttöpfchen dachte. Erst als es Abend war, kam sie wieder nach Hause. »Nun, da bist du ja wieder«, sagte die Maus. »Du hast gewiss einen lustigen Tag gehabt.« – »Es ging wohl an«, antwortete die Katze. »Was hat denn das Kind für einen Namen bekommen?«, fragte die Maus. »Hautab«, sagte die Katze ganz trocken. »Hautab«, rief die Maus, »das ist ja ein wunderlicher und seltsamer Name. Ist der in eurer Familie gebräuchlich?« – »Was ist da weiter«, sagte die Katze, »er ist nicht schlechter als Bröseldieb, wie deine Paten heißen.«

Nicht lange danach überkam die Katze wieder ein Gelüsten. Sie sprach zur Maus: »Du musst mir den Gefallen tun und nochmals das Hauswesen allein besorgen. Ich bin zum zweiten Mal zu Gevatter gebeten und da das Kind einen weißen Ring um den Hals hat, so kann ich's nicht absagen.« Die gute Maus willigte ein, die Katze aber schlich hinter der Stadtmauer zu der Kirche und fraß den Fetttopf halb aus. »Es schmeckt doch nichts besser«, sagte sie, »als was man selber isst«, und war mit ihrem Tagewerk ganz zufrieden. Als sie heimkam, fragte die Maus: »Wie ist denn dieses Kind getauft worden?« – »Halbaus«, antwortete die Katze. »Halbaus! Was du sagst! Den Namen hab ich mein Lebtag noch nicht gehört. Ich wette, der steht nicht in dem Kalender.«

Der Katze wässerte das Maul bald wieder nach dem Leckerwerk. »Aller guten Dinge sind drei«, sprach sie zu der Maus, »da soll ich wieder Gevatter stehen. Das Kind ist ganz schwarz und hat bloß weiße Pfoten, sonst kein weißes Haar am ganzen Leib. Das trifft sich alle paar Jahr nur einmal. Du lässest mich doch ausgehen?« – »Hautab, Halbaus!«, antwortete die Maus. »Es sind so kuriose Namen, die machen mich so nachdenklich.« – »Da sitzest du daheim in deinem dunkelgrauen Flausrock und deinem langen Haarzopf«, sprach die Katze, »und fängst Grillen. Das kommt davon, wenn man bei Tage nicht ausgeht.«

Die Maus räumte während der Abwesenheit der Katze auf und brachte das Haus in Ordnung, die naschhafte Katze aber fraß den Fetttopf rein aus. »Wenn erst alles aufgezehrt ist, so hat man Ruhe«, sagte sie zu sich selbst und kam satt und dick erst in der Nacht nach Hause. Die Maus fragte gleich nach dem Namen, den das dritte Kind bekommen hätte. »Er wird dir wohl auch nicht gefallen«, sagte die Katze, »er heißt Ganzaus!« – »Ganzaus!«, rief die Maus, »gedruckt ist er mir noch nicht vorgekommen. Ganzaus, was soll das bedeuten?« Sie schüttelte den Kopf, rollte sich zusammen und legte sich schlafen.

Von nun an wollte niemand mehr die Katze zu Gevatter bitten. Als aber der Winter herangekommen und draußen nichts mehr zu finden war, gedachte die Maus ihres Vorrats und sprach: »Komm, Katze, wir wollen zu unserm Fetttopfe gehen, den wir uns aufgespart haben. Der wird uns schmecken.« – »Jawohl«, antwortete die Katze, »der wird dir schmecken, als wenn du deine feine Zunge zum Fenster hinausstreckst.« Sie machten sich auf den Weg und als sie anlangten, stand zwar der Fetttopf noch an seinem Platz, er war aber leer. »Ach«, sagte die Maus, »jetzt merke ich, was geschehen ist, jetzt kommt's an den Tag. Du bist mir die wahre Freundin! Aufgefressen hast du alles, wie du zu Gevatter gestanden hast. Erst Hautab, dann Halbaus, dann ...« – »Willst du schweigen!«, rief die Katze. »Noch ein Wort und ich fresse dich auf.« – Ganzaus hatte die arme Maus schon auf der Zunge, kaum war es heraus, so tat die Katze einen Satz nach ihr, packte sie und schluckte sie hinunter.

Siehst du, so geht's in der Welt.

Der Fuchs und die Katze

Es trug sich zu, dass die Katze in einem Walde dem Herrn Fuchs begegnete, und weil sie dachte: er ist gescheit und wohlerfahren und gilt viel in der Welt, so sprach sie ihm freundlich zu. »Guten Tag, lieber Herr Fuchs. Wie geht's? Wie steht's? Wie schlagt ihr Euch durch in dieser teuren Zeit?« Der Fuchs, allen Hochmutes voll, betrachtete die Katze vom Kopf bis zu Füßen und wusste lange nicht, ob er eine Antwort geben sollte. Endlich sprach er: »Oh, du armseliger Bartputzer, du buntscheckiger Narr, du Hungerleider und Mäusejäger, was kommt dir in den Sinn? Du unterstehst dich zu fragen, wie mir's gehe? Was

hast du gelernt? Wieviel Künste verstehst du?« – »Ich verstehe nur eine einzige«, antwortete bescheidentlich die Katze. »Was ist das für eine Kunst?«, fragte der Fuchs. »Wenn die Hunde hinter mir her sind, so kann ich auf einen Baum springen und mich retten.« – »Ist das alles?«, sagte der Fuchs. »Ich bin Herr über hundert Künste und habe überdies noch einen Sack voll Listen. Du jammerst mich, komm mit mir, ich will dich lehren, wie man den Hunden entgeht.«

Indem kam ein Jäger mit vier Hunden daher. Die Katze sprang behänd auf einen Baum und setzte sich in den Gipfel, wo Äste und Laubwerk sie völlig verbargen. »Bindet den Sack auf, Herr Fuchs, bindet den Sack auf«, rief ihm die Katze zu, aber die Hunde hatten ihn schon gepackt und hielten ihn fest. »Ei, Herr Fuchs«, rief die Katze, »Ihr bleibt mit Euern hundert Künsten stecken! Hättet Ihr hinaufklettern können wie ich, so wär's nicht um Euer Leben geschehen.«

2. Geschichten zum Lachen

Vom lütten Kuchen

Ein englisches Märchen

An einem Bache lebten einmal ein alter Mann und eine alte Frau. Sie hatten zwei Kühe, fünf Hühner und einen Hahn, eine Katze und zwei Kätzchen. Der Alte besorgte die Kühe und die Bäuerin spann auf dem Rocken. Die Kätzchen haschten oft nach der Spindel, wenn sie über den Herdstein trudelte. »Hsch, hsch!«, sagte die Alte dann. »Weg da.« Und so ging es hin und her.

Eines Tages nach dem Frühstück nahm sie sich vor, Kuchen zu backen. So richtete sie zwei Kuchen aus Hafermehl zu und tat sie aufs Feuer zum Rösten. Nach einem Weilchen kam ihr Mann herein, setzte sich neben das Feuer, nahm einen der kleinen Kuchen und biss mitten hinein. Als der andere Kuchen das sah, rannte er davon so schnell wie der Wind und die Alte hinterher, die Spindel in der einen Hand, den Rocken in der andern. Aber der lütte Kuchen nahm Reißaus und ward nicht mehr gesehen, bis er an ein hübsches, strohgedecktes Haus kam und dreist zu der Feuerstelle eilte. Da saßen nun drei Schneider auf einer großen Bank. Als sie den lütten Kuchen hereinkommen sahen, sprangen sie in die Höhe und versteckten sich hinter der Haushälterin, die am Feuer Werg kämmte. »Hopsa«, rief sie, »habt man keine Angst, es ist ja nur ein lütter Kuchen. Packt ihn, und ich will euch einen Schluck Milch dazu geben.« Auf sprang sie mit den Kämmen und der Schneider mit dem Bügeleisen und die beiden Gesellen mit der großen Schere und dem Plättbrett, aber er entwischte ihnen und rannte ums Feuer herum. Grade glaubte einer der Gesellen, ihn mit der Schere geschnappt zu haben, da lag er schon in der Asche. Der Schneider warf nun mit seinem Bügeleisen und die Frau mit den Kämmen, aber es half nichts. Der Kuchen eilte davon und rannte so lange, bis er zu einem Häuschen an der Landstraße kam; und schwupp, war er drin. Da saß nun ein Weber am Stuhl und seine Frau wickelte ein Knäuel Garn auf. »Lieschen«, rief er, »was ist denn das?«

31

»Oh«, sagte sie, »das ist nur ein lütter Kuchen.«

»Das passt ja«, sagte er, »denn unser Haferbrei war heute recht dünn. Pack ihn, Frau, pack ihn!«

»Ja, das denkst du dir so«, sagte sie, »das ist ein schlauer Kuchen. Pack du ihn mal, Willi, pack du ihn, Mann!«

»Hopsa«, schrie Willi, »wirf doch mal das Garn drauf!«

Aber der Kuchen tollte ringsherum, machte sich davon über den Hügel weg wie ein gehetztes Schaf oder eine wild gewordene Kuh und rannte immer weiter bis zu der Hirtenhütte, zum Feuerplatz. Und da war eine Hirtenfrau gerade beim Buttern. »Komm doch her, lütter Kuchen«, rief sie, »da kann ich mal Kuchen und Sahne essen!« Aber der Kuchen wirbelte um das Butterfass herum und die Frau immer hinterher und in der Aufregung hätte sie beinahe das Butterfass umgeworfen. Und bevor sie es wieder in Ordnung hatte, war der lütte Kuchen auf und davon den Hügel hinab zur Mühle; und wupps, war er drin.

Der Müller siebte gerade sein Mehl über dem Troge, da sah er auf und sagte: »Na, das ist ein Zeichen der Fülle, wenn du so herumläufst und sich keiner um dich kümmert; ich esse Kuchen und Käse gern. Komm nur ein bisschen näher, ich gebe dir Unterkunft für eine Nacht.« Aber der Kuchen traute dem Müller und seinem Käse nicht. So machte er wieder kehrt und rannte raus; doch der Müller ließ sich's nicht verdrießen. So wackelte er davon und rannte weiter, bis er zur Schmiede kam; und wupps, war er drin und saß auf dem Amboss. Der Schmied machte gerade Hufnägel und sagte: »Ein gutes Glas Bier und knuspriger Kuchen, das wär was für mich; komm doch mal etwas näher heran!« Aber der Kuchen erschrak, als er von Bier reden hörte, machte kehrt und nahm schleunigst Reißaus, und der Schmied wirbelte den Hammer hinterher. Doch er traf nicht und der Kuchen war im Nu außer Sicht und rannte, bis er an ein Bauernhaus mit einem schönen Torfstapel daneben kam. Schwupps war er drin an der Feuerstätte. Der biedere Bauer brach Flachs und die Bäuerin hechelte ihn. »Ach, Hanne«, rief er, »da ist ein lütter Kuchen; gib mir die Hälfte.« – »Gut, Jochen, ich esse dann die andere Hälfte. Triff ihn über den Rücken mit der Flachsbreche.« Aber der Kuchen führte sie an der Nase herum. »Holla, holla«, schrie die Frau und warf die Hechel hinterher. Doch der Kuchen war zu gewitzt. Weg war er und den Bach entlang bis zum nächsten Haus und an die Herdstätte. Die Hausfrau rührte gerade die Suppe um und der Mann flocht Halfter aus Binsen für die Kühe.

»Hallo, Hans«, rief die Frau, »komm mal her. Du schreist doch immer nach einem lütten Kuchen. Hier ist einer. Komm mal schnell rein, ich helfe dir ihn fangen.«

»Ja, Mutter, wo steckt er denn?«

»Guck doch, hier. Renne mal nach drüben.«

Aber der Kuchen wirbelte hinter des Wackeren Stuhl und Hans fiel in die Binsen. Der Mann warf ein Halfter und die Frau den Suppenlöffel hinterher, doch er war zu schlau für die beiden. Auf und davon war er im Nu, tollte durch die Ginsterbüsche und die Straße hinab bis zum nächsten Hause und schwupps war er drin und fein am Feuer. Die Leute saßen gerade bei ihrer Suppe und die Hausfrau kratzte den Topf aus.

»Guck mal«, sagte sie, »da ist ein lütter Kuchen reingekommen, um sich an unserem Feuer zu wärmen.«

»Mach die Tür zu«, rief der Mann, »wir wollen ihn schon zu fassen kriegen.«

Als der Kuchen das hörte, stürzte er wieder hinaus und die beiden mit ihren Löffeln hinterher und der Mann warf mit seinem Hut. Aber er trudelte davon und immer weiter bis zum nächsten Haus, und als er hereinkam, wollten die Leute gerade ins Bett gehn. Der Mann zog eben seine Hose aus und die Frau schürte das Feuer.

»Was ist denn das?«, fragte er.

»Ach«, meinte sie, »nur ein lütter Kuchen.«

Da sagte er: »Ich könnte noch einen halben essen.«

»Pack ihn«, sagte die Frau, »ich esse auch einen Happen mit. Wirf deine Hose drauf!«

Der Biedermann warf seine Hose auf den Kuchen und hätte ihn beinah zum Ersticken gebracht. Aber er strampelte sich wieder los und rannte davon und der Mann ohne Hose hinterher, und das gab eine große Jagd über die Wiese und durch den Stachelginster. Und der Mann verlor die Spur und musste halb nackt heimkehren.

Schließlich war es dunkel geworden und der lütte Kuchen konnte nichts mehr sehen. So trottete er an einen großen Ginsterbusch heran und rollte in ein Fuchsloch hinein. Der Fuchs hatte schon zwei Tage kein Fleisch gehabt. So rief er denn: »Oh, herzlich willkommen!«, und biss mitten hinein. Und das war des lütten Kuchens Ende.

Das Lumpengesindel

Hähnchen sprach zum Hühnchen: »Jetzt ist die Zeit, wo die Nüsse reif werden, da wollen wir zusammen auf den Berg gehen und uns einmal recht satt essen, ehe sie das Eichhorn alle wegholt.« – »Ja«, antwortete das Hühnchen, »komm, wir wollen uns eine Lust miteinander machen.« Da gingen sie zusammen fort auf den Berg und weil es ein heller Tag war, blieben sie bis zum Abend. Nun weiß ich nicht, ob sie sich so dick gegessen hatten oder ob sie übermütig geworden waren, kurz, sie wollten nicht zu Fuß nach Hause gehen und das Hähnchen musste einen kleinen Wagen von Nussschalen bauen. Als er fertig war, setzte sich Hühnchen hinein und sagte zum Hähnchen: »Du kannst dich nur immer vorspannen.« – »Du kommst mir recht«, sagte das Hähnchen, »lieber geh ich zu Fuß nach Hause, als dass ich mich vorspannen lasse: Nein, so haben wir nicht gewettet. Kutscher will ich wohl sein und auf dem Bock sitzen, aber selbst ziehen, das tu ich nicht.«

Wie sie so stritten, schnatterte eine Ente daher: »Ihr Diebsvolk, wer hat euch geheißen, in meinen Nussberg zu gehen? Wartet, das soll euch schlecht bekommen!«, ging also mit aufgesperrtem Schnabel auf das Hähnchen los. Aber Hähnchen war auch nicht faul und stieg der Ente tüchtig zu Leib, endlich hackte es mit seinen Sporen so gewaltig auf sie los, dass sie um Gnade bat und sich gern zur Strafe vor den Wagen

spannen ließ. Hähnchen setzte sich nun auf den Bock und war Kutscher, und darauf ging es fort in einem Jagen: »Ente, lauf zu, was du kannst!« Als sie ein Stück Weges gefahren waren, begegneten sie zwei Fußgängern, einer Stecknadel und einer Nähnadel. Sie riefen: »Halt! Halt!«, und sagten, es würde gleich stichdunkel werden, da könnten sie keinen Schritt weiter, auch wäre es so schmutzig auf der Straße, ob sie nicht ein wenig einsitzen könnten: Sie wären auf der Schneiderherberge vor dem Tor gewesen und hätten sich beim Bier verspätet. Hähnchen, da es magere Leute waren, die nicht viel Platz einnahmen, ließ sie beide einsteigen, doch mussten sie versprechen, ihm und seinem Hühnchen nicht auf die Füße zu treten. Spät abends kamen sie zu einem Wirtshaus und weil sie die Nacht nicht weiterfahren wollten, die Ente auch nicht gut zu Fuß war und von einer Seite auf die andere fiel, so kehrten sie ein. Der Wirt machte anfangs viel Einwendungen, sein Haus wäre schon voll, gedachte auch wohl, es möchte keine vornehme Herrschaft sein, endlich aber, da sie süße Reden führten, er solle das Ei haben, welches das Hühnchen unterwegs gelegt hatte, auch die Ente behalten, die alle Tage eins legte, so sagte er endlich, sie möchten die Nacht über bleiben. Nun ließen sie wieder frisch auftragen und lebten in Saus und Braus. Frühmorgens, als es dämmerte, und noch alles schlief, weckte Hähnchen das Hühnchen, holte das Ei, pickte es auf, und sie verzehrten es zusammen; die Schalen aber warfen sie auf den Feuerherd. Dann gingen sie zu der Nähnadel, die noch schlief, packten sie beim Kopf und steckten sie in das Sesselkissen des Wirts, die Stecknadel aber in sein Handtuch, endlich flogen sie, mir nichts dir nichts, über die Heide davon. Die Ente, die gern unter freiem Himmel schlief und im Hof geblieben war, hörte sie fortschnurren, machte sich munter und fand einen Bach, auf dem sie hinabschwamm; und das ging geschwinder als vor dem Wagen. Ein paar Stunden später machte sich erst der Wirt aus den Federn, wusch sich und wollte sich am Handtuch abtrocknen, da fuhr ihm die Stecknadel über das Gesicht und machte ihm einen roten Strich von einem Ohr zum andern; dann ging er in die Küche und wollte sich eine Pfeife anstecken; wie er aber an den Herd

36

kam, sprangen ihm die Eierschalen in die Augen. »Heute Morgen will mir alles an meinen Kopf«, sagte er und ließ sich verdrießlich auf seinen Großvaterstuhl nieder; aber geschwind fuhr er wieder in die Höhe und schrie: »Auweh!«, denn die Nähnadel hatte ihn noch schlimmer und nicht in den Kopf gestochen. Nun war er vollends böse und hatte Verdacht auf die Gäste, die so spät gestern Abend gekommen waren; und wie er ging und sich nach ihnen umsah, waren sie fort. Da tat er einen Schwur, kein Lumpengesindel mehr in sein Haus zu nehmen, das viel verzehrt, nichts bezahlt und zum Dank noch obendrein Schabernack treibt.

Die Heckentür

Es war einmal eine Frau, die hatte zwei Kinder, einen Jungen und ein Mädchen. Eines Tages ging sie auf die Reise und sagte zu ihnen: »Hört einmal, Kinder, ich reise fort und ihr bleibt allein daheim, drum passt mir ja hübsch auf die Heckentür auf!« Sie meinte damit, sie sollten sorgen, dass sich kein Spitzbube hineinschliche.

Eine Weile war sie schon fort, da bekamen die Kleinen Langeweile und der Bruder sagte zur Schwester: »Komm, wir wollen ein wenig hinaus in den Wald und die Heckentür nehmen wir mit, dann ist's gut!« Das war sie zufrieden und sie gingen hinaus in den Wald. Aber wie sie da herumliefen, verirrten sie sich, und die Nacht überfiel sie, so dass sie wohl sahen, sie würden doch nicht mehr heimkommen, und vor Angst kletterten sie auf einen Eichbaum, um dort bis zum Morgen zu bleiben, damit sie nicht von den wilden Tieren zerrissen würden.

Eine Zeit lang haben sie da gesessen, da kommen Spitzbuben, die schleppen einen großen Haufen Geld zusammen, den zählen sie. Da halten sich die Kleinen ganz still im Baum, damit sie nicht von den Männern bemerkt werden. Aber endlich kann sich der Bruder doch nicht mehr halten und sagt zur Schwester: »Ich muss einmal was Kleines machen.« – »Na, so tu's!« Da tut er's, die Spitzbuben aber zählen ruhig weiter und sagen: »'s ist ein wenig Regen, der fällt!« Wieder nach einer Weile sagt der Bruder zur Schwester: »Ich kann's nicht länger halten, ich muss was Großes machen.« – »Na, so tu's!« Da tut er's, aber die Spitzbuben zählen ihr Geld ruhig weiter und sagen: »'s ist ein wenig Mist von den Vögeln, die im Baume sitzen.« Nun sitzen sie wieder lange still, da sagt auf einmal der Bruder: »Ich kann die Heckentür nicht mehr länger halten!« – »So wirf sie hinab!«, sagt die Schwester. Da wirft er sie hinab und sie fällt mitten unter die Spitzbuben, und die laufen eiligst davon und rufen: »Gehn die Wolken hier, gehn die Wolken hier!«

Nun war's aber Morgen geworden und da stiegen Bruder und Schwester hinab vom Baume und nahmen die Heckentür und das Geld, das die Spitzbuben im Stich gelassen, dazu und kamen glücklich wieder nach Hause. Die Mutter ging ihnen schon entgegen und jammerte und schalt, dass sie nicht auf die Heckentür aufgepasst hätten und nun die Spitzbuben dagewesen seien und das ganze Haus ausgeräumt hätten. Die Kleinen aber erzählten alles, wie es ihnen im Walde ergangen war und da war sie froh. Und von dem Gelde kaufte sie neue Kleider und neues Gerät dazu, und es blieb noch so viel übrig, dass sie ihr Leben lang alle drei daran genug hatten.

Die goldene Gans

Es war ein Mann, der hatte drei Söhne, davon hieß der jüngste Dummling und wurde verachtet und verspottet und bei jeder Gelegenheit zurückgesetzt. Es geschah, dass der älteste in den Wald gehen wollte, Holz hauen und eh er ging, gab ihm noch seine Mutter einen schönen, feinen Eierkuchen und eine Flasche Wein mit, damit er nicht Hunger und Durst litte. Als er in den Wald kam, begegnete ihm ein altes, graues Männlein, das bot ihm einen guten Tag und sprach: »Gib mir doch ein Stück Kuchen aus deiner Tasche und lass mich einen Schluck von deinem Wein trinken, ich bin so hungrig und durstig.« Der kluge Sohn aber antwortete: »Geb ich dir meinen Kuchen und meinen Wein, so hab ich selber nichts, pack dich deiner Wege«, ließ das Männlein stehen und ging fort. Als er nun anfing einen Baum zu behauen, dauerte es nicht lange, so hieb er fehl und die Axt fuhr ihm in den Arm, dass er musste heimgehen und sich verbinden lassen. Das war aber von dem grauen Männchen gekommen.

Darauf ging der zweite Sohn in den Wald und die Mutter gab ihm, wie dem ältesten, einen Eierkuchen und eine Flasche Wein. Dem begegnete gleichfalls das alte, graue Männchen und hielt um ein Stückchen Kuchen und einen Trunk Wein an. Aber der zweite Sohn sprach auch ganz verständig: »Was ich dir gebe, das geht mir selber ab, pack dich deiner Wege«, ließ das Männlein stehen und ging fort. Die Strafe blieb nicht aus; als er ein paar Hiebe am Baum getan, hieb er sich ins Bein, dass er musste nach Hause getragen werden.

Da sagte der Dummling: »Vater, lass mich einmal hinausgehen und Holz hauen.« Antwortete der Vater: »Deine Brüder haben sich Schaden dabei getan, lass davon ab, du verstehst nichts davon.« Der Dummling aber bat ihn so lange, bis er endlich sagte: »Geh nur hin, durch Schaden wirst du klug werden.« Die Mutter gab ihm einen Kuchen, der war mit Wasser in der Asche gebacken, und dazu eine Flasche saures Bier. Als er in den Wald kam, begegnete ihm gleichfalls das alte, graue Männchen, grüßte ihn und sprach: »Gib mir ein Stück von deinem Kuchen und einen Trunk aus deiner Flasche, ich bin so hungrig und durstig.« Antwortete der Dummling: »Ich habe aber nur Aschenkuchen und saures Bier, wenn dir das recht ist, so wollen wir uns setzen und essen.« Da setzten sie sich und als der Dummling seinen Aschenkuchen herausholte, so war's ein feiner Eierkuchen und das saure Bier war ein guter Wein. Nun aßen und tranken sie und danach sprach das Männlein: »Weil du ein gutes Herz hast und von dem Deinigen gerne mitteilst, so will ich dir Glück bescheren. Dort steht ein alter Baum, den hau ab, so wirst du in den Wurzeln etwas finden.« Darauf nahm das Männlein Abschied.

Der Dummling ging hin und hieb den Baum, und wie er fiel, saß in den Wurzeln eine Gans, die hatte Federn von reinem Gold. Er hob sie heraus, nahm sie mit sich und ging in ein Wirtshaus, da wollte er übernachten. Der Wirt aber hatte drei Töchter, die sahen die Gans, waren neugierig, was das für ein wunderlicher Vogel wäre, und hätten gar gern eine von seinen goldenen Federn gehabt. Die Älteste dachte: Es wird sich schon eine Gelegenheit finden, wo ich mir eine Feder ausziehen kann, und als der Dummling einmal hinausgegangen war, fasste sie die Gans beim Flügel, aber Finger und Hand blieben ihr daran festhängen. Bald danach kam die Zweite und hatte keinen andern Gedanken, als sich eine goldene Feder zu holen; kaum aber hatte sie ihre Schwester angerührt, so blieb sie festhängen. Endlich kam auch die Dritte in gleicher Absicht; da schrien die andern: »Bleib weg, um's Himmels willen, bleib weg.« Aber sie begriff nicht, warum sie wegbleiben sollte, dachte: Sind die dabei, so kann ich auch dabei sein, und sprang herzu und wie sie ihre Schwester angerührt hatte, so blieb sie an ihr hängen. So mussten sie die Nacht bei der Gans zubringen.

Am andern Morgen nahm der Dummling die Gans in den Arm, ging fort und bekümmerte sich nicht um die drei Mädchen, die daran hingen. Sie mussten immer hinter ihm dreinlaufen, links und rechts, wie's ihm in die Beine kam. Mitten auf dem Felde begegnete ihnen der Pfarrer und als er den Aufzug sah, sprach er: »Schämt euch, ihr garstigen Mädchen, was lauft ihr dem jungen Bursch durchs Feld nach, schickt sich das?« Damit fasste er die Jüngste an der Hand und wollte sie zurückziehen; wie er sie aber anrührte, blieb er gleichfalls hängen und musste selber hinterdrein laufen. Nicht lange, so kam der Küster daher und sah den Herrn Pfarrer, der drei Mädchen auf dem Fuße folgte. Da verwunderte er sich und rief: »Ei, Herr Pfarrer, wo hinaus so geschwind? Vergesst nicht, dass wir heute noch eine Kindtaufe haben«, lief auf ihn zu und fasste ihn am Ärmel, blieb aber auch festhängen. Wie die fünf so hintereinander hertrabten, kamen zwei Bauern mit ihren Hacken vom Feld; da rief der Pfarrer sie an und bat, sie möchten ihn und den Küster losmachen. Kaum aber hatten sie den Küster angerührt, so blieben sie hängen und waren ihrer nun siebene, die dem Dummling mit der Gans nachliefen.

Er kam darauf in eine Stadt, da herrschte ein König, der hatte eine Tochter, die war so ernsthaft, dass sie niemand zum Lachen bringen konnte. Darum hatte er ein Gesetz gegeben, wer sie könnte zum Lachen bringen, der sollte sie heiraten. Der Dummling, als er das hörte, ging mit seiner Gans und ihrem Anhang vor die Königstochter, und als diese die sieben Menschen immer hintereinander herlaufen sah, fing sie überlaut an zu lachen und wollte gar nicht wieder aufhören. Da verlangte sie der Dummling zur Braut, aber dem König gefiel der Schwiegersohn nicht, er machte allerlei Einwendungen und sagte, er müsste ihm erst einen Mann bringen, der einen Keller voll Wein austrinken könnte. Der Dummling dachte an das graue Männchen, das könnte ihm wohl helfen, ging hinaus in den Wald, und auf der Stelle, wo er den Baum abgehauen hatte, sah er einen Mann sitzen, der machte ein gar betrübtes Gesicht. Der Dummling fragte, was er sich so sehr zu Herzen nähme. Da antwortete er: »Ich habe so großen Durst und kann ihn nicht löschen, das kalte Wasser vertrage ich nicht, ein Fass Wein habe ich zwar ausgeleert, aber was ist ein Tropfen auf einem heißen Stein?«

»Da kann ich dir helfen«, sagte der Dummling, »komm nur mit mir, du sollst satt haben.« Er führte ihn darauf in des Königs Keller und der Mann machte sich über die großen Fässer, trank und trank, dass ihm die Hüften wehtaten, und ehe ein Tag herum war, hatte er den ganzen Keller ausgetrunken. Der Dummling verlangte abermals seine Braut, der König aber ärgerte sich, dass ein schlechter Bursch, den jedermann einen Dummling nannte, seine Tochter davontragen sollte, und machte neue Bedingungen: Er müsste erst einen Mann schaffen, der einen Berg voll Brot aufessen könnte. Der Dummling besann sich nicht lange, sondern ging gleich hinaus in den Wald; da saß auf demselben Platz ein Mann, der schnürte sich den Leib mit einem Riemen zusammen, machte ein grämliches Gesicht und sagte: »Ich habe einen ganzen Backofen voll Raspelbrot gegessen, aber was hilft das, wenn man so großen Hunger hat wie ich: Mein Magen bleibt leer und ich muss mich nur zuschnüren, wenn ich nicht Hungers sterben soll.« Der Dummling war froh darüber und sprach: »Mach dich auf und geh mit mir, du sollst dich satt essen.« Er führte ihn an den Hof des Königs, der hatte alles Mehl aus dem ganzen Reich zusammengefahren und einen ungeheuren Berg davon backen lassen; der Mann aber aus dem Walde stellte sich davor, fing an zu essen und in einem Tag war der ganze Berg verschwunden. Der Dummling forderte zum dritten Mal seine Braut, der König aber suchte noch einmal Ausflucht und verlangte ein Schiff, das zu Land und zu Wasser fahren könnte. »Sowie du aber damit angesegelt kommst«, sagte er, »so sollst du gleich meine Tochter zur Gemahlin haben.« Der Dummling ging geradewegs in den Wald, da saß das alte, graue Männchen, dem er seinen Kuchen gegeben hatte, und sagte: »Ich habe von dir getrunken und gegessen, ich will dir auch das Schiff geben; das alles tu ich, weil du barmherzig gegen mich gewesen bist.« Da gab er ihm das Schiff, das zu Land und zu Wasser fuhr und als der König das sah, konnte er ihm seine Tochter nicht länger vorenthalten. Die Hochzeit ward gefeiert, nach des Königs Tod erbte der Dummling das Reich und lebte lange Zeit vergnügt mit seiner Gemahlin.

3. Warum ist das so?

Der Mächtigste

Ein malaiisches Märchen

Rabotity jagte eines Tages im Walde. Er stieg auf einen hohen Baum. Da es gehörig wehte, brach der Ast; Rabotity fiel zur Erde und brach ein Bein.

Nun sagte er: »Der Baum ist der Mächtigste auf Erden, er hat mir mein Bein zerschlagen.«

Doch der Baum antwortete: »Wenn ich der Mächtigste wäre, hätte der Wind mich nicht entwurzelt. Also ist der Wind der Mächtigste.«

Der Wind sprach: »Wenn ich der Mächtigste wäre, würde der Berg mir nicht den Weg versperren. Der Berg ist also der Mächtigste.«

Der Berg sagte: »Wenn ich der Mächtigste wäre, würde die Ratte sich nicht durch mich hindurchwühlen. Die Ratte ist also die Mächtigste.«

Die Ratte sprach: »Wenn ich die Mächtigste wäre, würde die Katze mich nicht verschlingen. Die Katze ist also die Mächtigste.«

Die Katze sagte: »Wenn ich die Mächtigste wäre, könnte der Strick mich nicht fesseln. Der Strick ist also der Mächtigste.«

Der Strick sprach: »Wenn ich der Mächtigste wäre, vermöchte das Messer mich nicht zu zerschneiden. Das Messer ist also am mächtigsten.«

Das Messer sagte: »Wenn ich am mächtigsten wäre, wäre das Feuer nicht im Stande, mich zu vernichten. Das Feuer ist deshalb am mächtigsten.«

Das Feuer sprach: »Wenn ich am mächtigsten wäre, dürfte das Wasser mich nicht auslöschen. Das Wasser ist am mächtigsten.«

Das Wasser sagte: »Wenn ich am mächtigsten wäre, brauchte ich das Boot nicht zu tragen. Das Boot ist am mächtigsten!«

Das Boot sprach: »Wenn ich am mächtigsten wäre, könnte der Stein mich nicht zertrümmern. Der Stein ist am mächtigsten.«

Der Stein sagte: »Wenn ich am mächtigsten wäre, vermöchte die

Krabbe mich nicht zu durchbohren. Die Krabbe ist also am mächtigsten.«

Die Krabbe sprach: »Wenn ich am mächtigsten wäre, würde der Mensch mich nicht essen. Der Mensch ist also der Mächtigste.«

Die Scholle

Die Fische waren schon lange unzufrieden, dass keine Ordnung in ihrem Reich herrschte.

Keiner kehrte sich an den andern, schwamm rechts und links, wie es ihm einfiel, fuhr zwischen denen durch, die zusammenbleiben wollten oder sperrte ihnen den Weg, und der Stärkere gab dem Schwächeren einen Schlag mit dem Schwanz, dass er weit wegfuhr, oder er verschlang ihn ohne weiteres.

»Wie schön wäre es, wenn wir einen König hätten, der Recht und Gerechtigkeit bei uns übte«, sagten sie und vereinigten sich, den zu ihrem Herrn zu wählen, der am schnellsten die Fluten durchstreichen und dem Schwachen Hilfe bringen könnte.

Sie stellten sich also am Ufer in Reihe und Glied auf und der Hecht gab mit dem Schwanze ein Zeichen, worauf sie alle zusammen aufbrachen. Wie ein Pfeil schoss der Hecht dahin und mit ihm der Hering, der Gründling, der Barsch, der Karpfen und wie sie alle heißen. Auch die Scholle schwamm mit und hoffte, das Ziel zu erreichen.

Auf einmal ertönte der Ruf: »Der Hering ist vor! Der Hering ist vor!«

»Wen is vör?«, schrie verdrießlich die platte, missgünstige Scholle, die weit zurückgeblieben war. »Wen is vör?«

»Der Hering, der Hering«, war die Antwort.

»De nackte Hiering?«, rief die Neidische, »de nackte Hiering?«

Seit der Zeit steht der Scholle zur Strafe das Maul schief.

46

Warum ist der Mond
nicht so hell wie die Sonne?

Ein estnisches Märchen

Altvater hatte schon die ganze Welt erschaffen, aber noch war sein Werk nicht vollkommen, wie es wohl sein sollte, denn noch mangelte es der Welt an reichlichem Licht. Des Tages wandelte die Sonne ihre Bahn am himmlischen Zelt, aber wenn sie abends unterging, so deckte tiefe Finsternis Himmel und Erde. Alles, was geschah, verbarg die Nacht in ihrem Schoße.

Gar bald ersah der Schöpfer diesen Mangel und gedachte dem abzuhelfen. So gebot er denn dem Ilmarinen, dafür Sorge zu tragen, dass es fortan auch in den Nächten auf Erden hell sei. Ilmarinen gehorchte dem Befehl, trat hin zu seiner Esse, wo er vordem schon des Himmels Gewölbe geschmiedet, nahm viel Silber und goss daraus eine gewaltige runde Kugel. Die überzog er mit dickem Golde, setzte ein helles Feuer hinein und hieß sie nun ihren Wandel beginnen am Himmelszelt. Darauf schmiedete er unzählige Sterne, gab ihnen mit leichtem Golde ein Ansehen und stellte jeden an seinen Platz im Himmelsraum.

Da begann neues Leben auf der Erde. Kaum sank die Sonne, da stieg auch schon am Himmelsrande der goldene Mond auf, zog seine blaue Straße und erleuchtete das nächtliche Dunkel nicht anders als die Sonne den Tag. Dazu blinkten neben ihm die unzähligen Sterne und begleiteten ihn wie einen König, bis er endlich am anderen Ende des Himmels anlangte. Dann gingen die Sterne zur Ruhe, der Mond verließ das Himmelsgewölbe und die Sonne trat an seine Stelle, um dem Weltall Licht zu spenden.

So leuchtete nun Tag und Nacht ein gleichmäßiges Licht hoch von oben auf die Erde nieder. Denn des Mondes Angesicht war ebenso klar und rein wie der Sonne Antlitz und nur gleicher Wärme ermangelten seine Strahlen. Am Tage brannte aber die Sonne oftmals so heiß, dass niemand eine Arbeit verrichten mochte. Um so lieber schafften sie unter dem Schein des nächtlichen Himmelswächters und alle Menschen waren froh über das Geschenk des Mondes.

Den Teufel aber ärgerte der Mond gar sehr, denn in seinem hellen Lichte konnte er nichts Böses mehr verüben. Zog er einmal auf Beute aus, so erkannte man ihn schon von fern und trieb ihn mit Schanden heim. So kam es, dass er sich in dieser Zeit nicht mehr als zwei Seelen erbeutet hatte.

Da saß er nun Tag und Nacht und sann, wie er's wohl angriffe, damit es ihm wieder glückte. Endlich rief er etliche Gesellen herbei, aber die wussten auch keinen Ausweg. So ratschlagten sie denn zu dreien voll Eifer und Sorge, es wollte ihnen aber nichts einfallen.

Am siebten Tage hatten sie keinen Bissen mehr zu essen, saßen seufzend da, drückten den leeren Magen und zerbrachen sich die Köpfe mit Nachdenken. Und sieh, endlich kam dem Bösen selbst ein glücklicher Einfall.

»Wir müssen den Mond wieder fortschaffen, wenn wir uns retten wollen. Gibt es keinen Mond mehr am Himmel, so sind wir wieder Helden wie zuvor. Beim matten Sternenlicht können wir ja unbesorgt unsere Werke betreiben!«

»Sollen wir denn den Mond vom Himmel herunterholen?«, fragten ihn die Knechte.

»Nein«, sprach der Teufel, »der sitzt zu fest daran, herunter bekommen wir ihn nicht! Wir müssen es besser machen. Und das Beste ist, wir nehmen Teer und schmieren ihn damit, bis er schwarz wird. Dann mag er am Himmel weiterlaufen, das wird uns nicht verdrießen.«

Dem Höllenvolke gefiel der Rat des Alten wohl und alle wollten sich sogleich ans Werk machen. Es war aber zu spät geworden, denn der Mond neigte sich schon zum Niedergang und die Sonne erhob ihr Angesicht.

Den andern Tag aber schafften sie mit Eifer an ihrer Arbeit bis zum späten Abend. Der Böse war ausgezogen und hatte eine Tonne Teer gestohlen, die trug er nun in den Wald zu seinen Knechten. Indes waren diese geschäftig, aus sieben Stücken eine lange Leiter zusammenzubinden und ein jedes Stück maß sieben Klafter. Darauf schafften sie einen tüchtigen Eimer herbei und banden aus Lindenbast einen Schmierwisch zusammen, den sie an einen langen Stiel steckten.

So erwarteten sie die Nacht. Als nun der Mond aufstieg, warf sich der Böse die Leiter samt der Tonne auf die Schulter und hieß die beiden Knechte mit Eimer und Borstwisch folgen. Als sie angekommen waren, füllten sie den Eimer mit Teer, schütteten auch Asche hinzu und tauchten dann den Borstwisch hinein. Im selben Augenblick lugte auch schon der Mond hinter dem Walde hervor. Hastig richteten sie die Leiter auf, der Alte aber gab dem einen Knechte den Eimer in die Hand und hieß ihn hurtig hinaufsteigen, indes der andere unten die Leiter stützen sollte.

So hielten sie nun unten beide die Leiter, der Alte und sein Knecht. Der Knecht aber vermochte der schweren Last nicht zu widerstehen, also dass die Leiter zu wanken begann. Da glitt auch der Mann, der nach oben gestiegen war, auf einer Sprosse aus und stürzte mit dem Eimer dem Teufel auf den Hals. Der Böse prustete und schüttelte sich wie ein Bär und fing an, schrecklich zu fluchen. Dabei hatte er der Leiter nicht mehr Acht und ließ sie fahren, so dass sie mit Donner und Gekrach zu Boden fiel und in tausend Stücke schlug.

Als ihm nun sein Werk übel geraten und er selbst anstatt des Mondes vom Teer begossen ward, da tobte der Teufel in seinem Zorn und Grimm. Wohl wusch und scheuerte, kratzte und schabte er seinen Leib, aber Teer und Ruß blieben an ihm haften und ihre schwarze Farbe trägt er noch bis auf den heutigen Tag.

So kläglich schlug dem Teufel sein Versuch fehl, aber er wollte von seinem Vorsatze nicht ablassen. Darum stahl er andern Tages wiederum sieben Leiterbäume, band sie gehörig zusammen und schaffte sie an den Waldsaum, wo der Mond am tiefsten steht.

Als der Mond am Abend aufstieg, schlug der Böse die Leiter fest in den Grund ein, stützte sie noch mit beiden Händen und schickte den anderen Knecht mit dem Teereimer hinauf zum Monde, gebot ihm aber streng, sich fest an die Sprossen zu hängen und sich vor dem gestrigen Fehltritt zu hüten. Der Knecht kletterte so schnell als möglich mit dem Eimer hinauf und gelangte glücklich auf die letzte Sprosse.

Eben stieg der Mond in königlicher Pracht hinter dem Walde auf. Da hob der Teufel die ganze Leiter auf und trug sie eilig bis hin an den Mond. Und welch ein Glück! Sie war wirklich gerade so lang, dass sie mit der Spitze an den Mond reichte.

Nun machte sich des Teufels Knecht ohne Säumen ans Werk. Es ist aber nichts Leichtes, oben auf einer solchen Leiter stehen und dem Monde mit einem Teerwisch ins Gesicht fahren wollen. Zudem stand auch der Mond nicht still auf einem Fleck, sondern wandelte ohne Unterlass seines Weges fürbass. Darum band sich der Mann da oben mit einem Seil fest an den Mond und da er also vor dem Fall behütet war, ergriff er den Wisch aus dem Eimer und begann, den Mond zuerst von der hinteren Seite zu schwärzen. Aber die dicke Goldschicht auf dem reinen Monde wollte keinen Schmutz leiden. Der Knecht strich und schmierte, dass ihm der Schweiß von der Stirne troff, bis es ihm nach vieler Mühe endlich gelang, des Mondes Rücken mit Teer zu überziehen.

Der Teufel unten schaute offenen Mundes der Arbeit zu und als er das Werk zur Hälfte vollendet sah, sprang er vor Freuden von einem Fuß auf den andern.

Als er so des Mondes Rücken geschwärzt hatte, schob sich der Knecht mühsam nach vorn, um auch hier den Glanz des Himmelswächters zu vertilgen. Da stand er nun, verschnaufte ein wenig und dachte nach, wie er es anfinge, um mit der andern Seite leichter fertig zu werden. Es fiel ihm aber nichts Gescheites ein und er musste es wie zuvor machen.

Schon wollte er sein Werk wieder beginnen, als gerade Altvater aus kurzem Schlummer erwachte. Verwundert nahm er wahr, dass die Welt um die Hälfte dunkler geworden, obgleich kein Wölkchen am Himmel stand. Wie er aber schärfer nach der Ursache der Finsternis ausschaute, erblickte er den Mann auf dem Monde, der eben seinen Wisch in den

Teertopf tauchte, um die erste Hälfte des Mondes der zweiten gleich zu machen. Unten aber sprang der Teufel vor Freuden wie ein Ziegenbock hin und her. »Solche Streiche macht ihr also hinter meinem Rücken!«, rief Altvater zornig aus. »So mögen denn die Übeltäter den verdienten Lohn empfangen! Auf dem Monde bist du und sollst da ewig mit deinem Eimer bleiben, allen zur Warnung, die der Welt das Licht rauben wollen.«

Altvaters Worte gingen in Erfüllung. Noch heute steht der Mann mit dem Teereimer im Monde, der deswegen nicht mehr so hell leuchten will wie sonst. Oft wohl steigt der Mond hinab in den Schoß des Meeres und möchte sich rein baden von seinen Flecken, aber sie bleiben ewig an ihm haften.

Die Erschaffung der Geige

Ein Zigeunermärchen

Es waren einmal ein armer Mann und eine arme Frau, die hatten lange Zeit keine Kinder. Da geschah es einmal, dass die Frau in den Wald ging und einem alten Weibe begegnete, das also zu ihr sprach: »Gehe nach Hause und zerschlage einen Kürbis, gieße Milch in denselben und dann trinke sie, du wirst dann einen Sohn gebären, der glücklich und reich werden wird.« Hierauf verschwand das alte Weib, die Frau aber ging nach Hause und tat, wie ihr geheißen war.

Nach neun Monaten gebar sie einen schönen Knaben. Doch nicht mehr lange sollte die Frau glücklich bleiben; denn sie wurde bald krank und starb. Ihr Mann starb auch, als der Knabe zwanzig Jahre alt wurde. Da dachte sich der Jüngling: Was soll ich hier machen? Ich gehe in die weite Welt und suche mein Glück. Der Jüngling ging also von Dorf zu Dorf, von Stadt zu Stadt, fand aber nirgends sein Glück. Da kam er einmal in eine große Stadt, wo ein reicher König wohnte, der eine wunderschöne Tochter besaß. Ihr Vater wollte sie nur dem Manne zur Frau geben, der etwas zustande bringe, was noch niemand auf der Welt gesehen habe. Viele Männer hatten schon ihr Glück versucht, aber sie wurden alle vom Könige aufgehängt; denn sie konnten nichts machen, was man nicht schon vordem gesehen hatte.

Als der Jüngling dies hörte, ging er zum Könige und sprach: »Ich will deine Tochter zur Frau haben, sag, was soll ich denn tun?« Der König erzürnte und sprach: »Du fragst, was du tun sollst? Du weißt ja, dass nur der meine Tochter zur Frau erhält, der so etwas machen kann, was noch niemand auf der Welt gesehen hat. Weil du so dumm gefragt hast, sollst du im Kerker sterben!« Hierauf sperrten die Diener des Königs den Jüngling in einen dunklen Kerker.

Kaum, dass sie die Tür zusperrten, da wurde es helle und die Matuya, die Feenkönigin, erschien. Sie sprach zum Jüngling: »Sei nicht traurig, du sollst noch die Königstochter heiraten. Hier hast du eine kleine Kiste und ein Stäbchen, reiß mir Haare von meinem Kopfe und spanne sie über die Kiste und das Stäbchen!«

Der Jüngling tat also, wie ihm die Matuya gesagt hatte. Als er fertig war, sprach sie: »Streich mit dem Stäbchen über die Haare der Kiste!« Der Jüngling tat es.

Hierauf sprach die Matuya: »Diese Kiste soll eine Geige werden und die Menschen froh oder traurig machen, je nachdem du es willst.« Hierauf nahm sie die Kiste und lachte hinein, dann begann sie zu weinen und ließ ihre Tränen in die Kiste fallen.

Sie sprach nun zum Jüngling: »Streich nun über die Haare der Kiste.« Der Jüngling tat es. Und da strömten aus der Kiste Lieder, die das Herz bald traurig, bald fröhlich stimmten.

Als die Matuya verschwand, rief der Jüngling die Knechte herbei, ließ sich zum Könige führen und sprach zu ihm: »Nun also höre und sieh, was ich vollbracht habe.« Hierauf begann er zu spielen und der König war außer sich vor Freude. Er gab dem Jüngling seine schöne Tochter zur Frau und nun lebten sie alle in Glück und Frieden. So kam die Geige auf die Welt.

Warum der Vogel Strauß nicht fliegen kann

Ein afrikanisches Märchen

Früher konnte der Vogel Strauß ganz wie andere Vögel fliegen. Jetzt aber läuft er mit seinen langen Beinen auf der Erde und kann seine Flügel nicht gebrauchen. Das kam so: Eines Tages regnete es in Strömen. Der Strauß saß auf einem Baum und ließ die Regentropfen von sich herunterrieseln. Da kam ein kleines, nasses Vögelchen zu ihm und bat: »Großväterchen, heb doch deinen großen Flügel ein bisschen auf, damit ich darunterschlüpfe und nicht noch nasser werde.« Der Strauß war gutmütig und sagte: »Ja.« Und das Vögelchen hüpfte behände unter den einen Flügel. Doch es war ein arger Schelm. Flugs nahm es Nadel und Faden hervor. Und eins, zwei, drei war der Flügel festgenäht. Dann sagte es: »Großväterchen, bitte, lass mich unter den anderen Flügel kriechen. Es tröpfelt hier schon durch.« Damit schlüpfte es unter den anderen Flügel und nähte den auch fest.

Als der Regen vorbei war und die Sonne wieder schien, sagte das Vögelchen scheinheilig: »So, nun wollen wir weiterfliegen, das Wetter ist ja wieder schön.« Damit schlüpfte es hervor und flog fort. Der Strauß wollte folgen, aber seine Flügel waren wie festgewachsen – er fiel zur Erde und von nun an konnte er nur noch seine langen Beine gebrauchen.

4. Von mutigen Kindern, klugen und dummen Leuten

Die sieben Raben

Ein Mann hatte sieben Söhne und noch kein Töchterchen, so sehr er sich's wünschte; endlich gab ihm seine Frau wieder gute Hoffnung zu einem Kinde und wie's zur Welt kam, war's auch ein Mädchen. Die Freude war groß, aber das Kind war schmächtig und klein und sollte wegen seiner Schwachheit die Nottaufe haben. Der Vater schickte einen Knaben eilends zur Quelle, Taufwasser zu holen; die andern sechs liefen mit und weil jeder der Erste beim Schöpfen sein wollte, so fiel ihnen der Krug in den Brunnen. Da standen sie und wussten nicht, was sie tun sollten und keiner getraute sich heim.

Als sie nicht zurückkamen, ward der Vater ungeduldig und sprach: »Gewiss haben sie's wieder über einem Spiel vergessen, die gottlosen Jungen.« Es ward ihm Angst, das Mädchen müsste ungetauft verscheiden und im Ärger rief er: »Ich wollte, dass die Jungen alle zu Raben würden.« Kaum war das Wort ausgeredet, so hörte er ein Geschwirr über seinem Haupt in der Luft, blickte in die Höhe und sah sieben kohlschwarze Raben auf und davon fliegen. Die Eltern konnten die Verwünschung nicht mehr zurücknehmen und so traurig sie über den Verlust ihrer sieben Söhne waren, trösteten sie sich doch einigermaßen durch ihr liebes Töchterchen, das bald zu Kräften kam und mit jedem Tag schöner ward.

Es wusste lange Zeit nicht einmal, dass es Geschwister gehabt hatte, denn die Eltern hüteten sich, ihrer zu erwähnen, bis es eines Tages von ungefähr die Leute von sich sprechen hörte, das Mädchen wäre wohl schön, aber doch eigentlich schuld an dem Unglück seiner sieben Brüder. Da ward es ganz betrübt, ging zu Vater und Mutter und fragte, ob es denn Brüder gehabt hätte und wo sie hingeraten wären? Nun durften die Eltern das Geheimnis nicht länger verschweigen, sagten jedoch, es sei des Himmels Verhängnis und seine Geburt nur der unschuldige Anlass gewesen. Allein das Mädchen machte sich täglich ein Gewissen daraus und glaubte, es müsse seine Geschwister wieder erlösen.

Es hatte nicht Ruhe und Rast, bis es sich heimlich aufmachte und in die weite Welt ging, seine Brüder irgendwo aufzuspüren und zu befreien, es möchte kosten, was es wolle. Es nahm nichts mit sich als ein Ringlein von seinen Eltern zum Andenken, einen Laib Brot für den Hunger, ein Krüglein Wasser für den Durst und ein Stühlchen für die Müdigkeit.

Nun ging es immer zu, weit, weit, bis an der Welt Ende. Da kam es zur Sonne, aber die war zu heiß und fürchterlich und fraß die kleinen Kinder. Eilig lief es weg und lief hin zu dem Mond, aber der war gar zu kalt und auch grausig und bös und als er das Kind merkte, sprach er: »Ich rieche, rieche Menschenfleisch.« Da machte es sich geschwind fort und kam zu den Sternen, die waren ihm freundlich und gut und jeder saß auf seinem besonderen Stühlchen. Der Morgenstern aber stand auf, gab ihm ein Hinkelbeinchen und sprach: »Wenn du das Beinchen nicht hast, kannst du den Glasberg nicht aufschließen und in dem Glasberg, da sind deine Brüder.«

Das Mädchen nahm das Beinchen, wickelte es wohl in ein Tüchlein und ging wieder fort, so lange, bis es an den Glasberg kam. Das Tor war verschlossen und es wollte das Beinchen hervorholen, aber wie es das Tüchlein aufmachte, so war es leer und es hatte das Geschenk der guten Sterne verloren. Was sollte es nun anfangen? Seine Brüder wollte es erretten und hatte keinen Schlüssel zum Glasberg. Das gute Schwesterchen nahm ein Messer, schnitt sich ein kleines Fingerchen ab, steckte es in das Tor und schloss glücklich auf.

Als es eingegangen war, kam ihm ein Zwerglein entgegen, das sprach: »Mein Kind, was suchst du?« – »Ich suche meine Brüder, die sieben Raben«, antwortete es. Der Zwerg sprach: »Die Herren Raben sind nicht zu Haus, aber willst du hier solang warten, bis sie kommen, so tritt ein.« Darauf trug das Zwerglein die Speise der Raben herein auf sieben Tellerchen und in sieben Becherchen und von jedem Tellerchen aß das Schwesterchen ein Bröckchen und aus jedem Becherchen trank es ein Schlückchen; in das letzte Becherchen aber ließ es das Ringlein fallen, das es mitgenommen hatte.

Auf einmal hörte es in der Luft ein Geschwirr und ein Geweh, da sprach das Zwerglein: »Jetzt kommen die Herren Raben heimgeflogen.« Da kamen sie, wollten essen und trinken und suchten ihre Tellerchen und Becherchen. Da sprach einer nach dem andern: »Wer hat von meinem Tellerchen gegessen? Wer hat aus meinem Becherchen getrunken? Das ist eines Menschen Mund gewesen.« Und wie der Siebente auf den Grund des Bechers kam, rollte ihm das Ringlein entgegen. Da sah er es an und erkannte, dass es ein Ring von Vater und Mutter war, und sprach: »Gott gebe, unser Schwesterlein wäre da, so wären wir erlöst.« Wie das Mädchen, das hinter der Tür stand und lauschte, den Wunsch hörte, so trat es hervor und da bekamen alle die Raben ihre menschliche Gestalt wieder. Und sie herzten und küssten einander und zogen fröhlich heim.

Die Sterntaler

Es war einmal ein kleines Mädchen, dem waren der Vater und die Mutter gestorben und es war so arm, dass es kein Kämmerchen mehr hatte, darin zu wohnen, und kein Bettchen mehr, darin zu schlafen, und endlich gar nichts mehr als die Kleider auf dem Leib und ein Stückchen Brot in der Hand, das ihm ein mitleidiges Herz geschenkt hatte. Es war aber gut und fromm. Und weil es so von aller Welt verlassen war, ging es im Vertrauen auf den lieben Gott hinaus ins Feld.

Da begegnete ihm ein armer Mann, der sprach: »Ach, gib mir etwas zu essen, ich bin so hungrig.« Es reichte ihm das ganze Stückchen Brot und sagte: »Gott segne dir's«, und ging weiter. Da kam ein Kind, das jammerte und sprach: »Es friert mich so an meinem Kopfe, schenk mir etwas, womit ich ihn bedecken kann.« Da tat es seine Mütze ab und gab sie ihm. Und als es noch eine Weile gegangen war, kam wieder ein Kind und hatte kein Leibchen an und fror: Da gab es ihm seins.

Und noch weiter, da bat eins um ein Röcklein, das gab es auch von sich hin. Endlich gelangte es in einen Wald und es war schon dunkel geworden, da kam noch eins und bat um ein Hemdchen und das fromme Mädchen dachte, es ist dunkle Nacht, da sieht dich niemand, du kannst wohl dein Hemd weggeben, und zog das Hemd ab und gab es auch noch hin. Und wie es so dastand und gar nichts mehr hatte, fielen auf einmal die Sterne vom Himmel und waren lauter harte, blanke Taler; und ob es gleich sein Hemdlein weggegeben, so hatte es ein neues an und das war vom allerfeinsten Linnen. Da sammelte es sich die Taler hinein und war reich für sein Lebtag.

Fundevogel

Es war einmal ein Förster, der ging in den Wald auf die Jagd und wie er in den Wald kam, hörte er schreien, als ob's ein kleines Kind wäre. Er ging dem Schreien nach und kam endlich zu einem hohen Baum, und oben darauf saß ein kleines Kind. Es war aber die Mutter mit dem Kinde unter dem Baum eingeschlafen und ein Raubvogel hatte das Kind in ihrem Schoß gesehen: Da war er hinzugeflogen, hatte es mit seinem Schnabel weggenommen und auf den hohen Baum gesetzt.

Der Förster stieg hinauf, holte das Kind herunter und dachte, du willst das Kind mit nach Hause nehmen und mit deinem Lenchen zusammen aufziehn. Er brachte es also heim und die zwei Kinder wuchsen miteinander auf. Das aber, das auf dem Baum gefunden worden war und weil es ein Vogel weggetragen hatte, wurde Fundevogel geheißen. Fundevogel und Lenchen hatten sich so lieb, nein so lieb, dass, wenn eins das andere nicht sah, es traurig ward.

Der Förster hatte aber eine alte Köchin, die nahm eines Abends zwei Eimer und fing an, Wasser zu schleppen, und ging nicht ein Mal, sondern viele Male hinaus an den Brunnen.

Lenchen sah es und sprach: »Hör einmal, alte Sanne, was trägst du denn so viel Wasser zu?« – »Wenn du's keinem Menschen wiedersagen willst, so will ich dir's wohl sagen.« Da sagte Lenchen: Nein, sie wollte es keinem Menschen wiedersagen. So sprach die Köchin: »Morgen früh, wenn der Förster auf die Jagd geht, da koche ich das Wasser und wenn's im Kessel siedet, werfe ich den Fundevogel hinein und will ihn darin kochen.«

Des andern Morgens in der Frühe stand der Förster auf und ging auf die Jagd und als er weg war, lagen die Kinder noch im Bett. Da sprach Lenchen zum Fundevogel: »Verlässt du mich nicht, so verlass ich dich auch nicht.« So sprach der Fundevogel: »Nun und nimmermehr.« Da sprach Lenchen: »Ich will es dir nur sagen, die alte Sanne schleppte gestern Abend so viele Eimer Wasser ins Haus, da fragte ich sie, warum sie das täte, so sagte sie, wenn ich's keinem Menschen sagen wollte, so wollte sie es mir wohl sagen; sprach ich, ich wollte es gewiss keinem Menschen sagen; da sagte sie, morgen früh, wenn der Vater auf die Jagd wäre, wollte sie den Kessel voll Wasser sieden, dich hineinwerfen und kochen. Wir wollen aber geschwind aufstehen, uns anziehen und zusammen fortgehen.« Also standen die beiden Kinder auf, zogen sich geschwind an und gingen fort.

Wie nun das Wasser im Kessel kochte, ging die Köchin in die Schlafkammer, wollte den Fundevogel holen und ihn hineinwerfen. Aber als sie hineinkam und zu den Betten trat, waren die Kinder alle beide fort. Da wurde ihr grausam angst und sie sprach vor sich: »Was will ich nun sagen, wenn der Förster heimkommt und sieht, dass die Kinder weg sind? Geschwind hintennach, dass wir sie wiederkriegen.«

Da schickte die Köchin drei Knechte nach, sie sollten laufen und die Kinder einfangen.

Die Kinder aber saßen vor dem Wald und als sie die drei Knechte von weitem laufen sahen, sprach Lenchen zum Fundevogel: »Verlässt du mich nicht, so verlass ich dich auch nicht.« So sprach Fundevogel: »Nun und nimmermehr.« Da sagte Lenchen: »Werde du zum Rosenstöckchen und ich zum Röschen darauf.«

Wie nun die drei Knechte vor den Wald kamen, so war nichts da als ein Rosenstrauch und ein Röschen obendrauf, die Kinder aber nirgends. Da sprachen sie: »Hier ist nichts zu machen«, und gingen heim und sagten der Köchin, sie hätten nichts in der Welt gesehen als nur ein Rosenstöckchen und ein Röschen oben darauf.

Da schalt die Köchin: »Ihr Einfaltspinsel, ihr hättet das Rosenstöckchen sollen entzweischneiden und das Röschen abbrechen und mit nach Haus bringen, geschwind und tut's.«

Sie mussten also zum zweiten Mal hinaus und suchen. Die Kinder sahen sie aber von weitem kommen, da sprach Lenchen: »Fundevogel, verlässt du mich nicht, so verlass ich dich auch nicht.« Fundevogel sagte: »Nun und nimmermehr.« Sprach Lenchen: »So werde du eine Kirche und ich die Krone darin.«

Wie nun die drei Knechte dahinkamen, war nichts da als eine Kirche und eine Krone darin. Sie sprachen also zueinander: »Was sollen wir hier machen, lasst uns nach Hause gehen.«

Wie sie nach Hause kamen, fragte die Köchin, ob sie nichts gefunden hätten, so sagten sie nein, sie hätten nichts gefunden als eine Kirche, da wäre eine Krone darin gewesen. »Ihr Narren«, schalt die Köchin, »warum habt ihr nicht die Kirche zerbrochen und die Krone mit heimgebracht?«

Nun machte sich die alte Köchin selbst auf die Beine und ging mit den drei Knechten den Kindern nach. Die Kinder sahen aber die drei Knechte von weitem kommen und die Köchin wackelte hintennach. Da sprach Lenchen: »Fundevogel, verlässt du mich nicht, so verlass ich dich auch nicht.« Da sprach der Fundevogel: »Nun und nimmermehr.« Sprach Lenchen: »Werde zum Teich und ich die Ente darauf.«

Die Köchin kam herzu und als sie den Teich sah, legte sie sich darüber hin und wollte ihn aussaufen. Aber die Ente kam schnell geschwommen, fasste sie mit dem Schnabel beim Kopfe und zog sie ins Wasser hinein: Da musste die alte Hexe ertrinken. Da gingen die Kinder zusammen nach Haus und waren herzlich froh; und wenn sie nicht gestorben sind, leben sie noch.

Rotkäppchen

Es war einmal eine kleine süße Dirne, die hatte jedermann lieb, der sie nur ansah, am allerliebsten aber ihre Großmutter. Die wusste gar nicht, was sie alles dem Kinde geben sollte. Einmal schenkte sie ihm ein Käppchen von rotem Samt und weil ihm das so wohl stand und es nichts anderes mehr tragen wollte, hieß es nur ›das Rotkäppchen‹.

Eines Tages sprach seine Mutter zu ihm: »Komm, Rotkäppchen, da hast du ein Stück Kuchen und eine Flasche Wein. Bring das der Großmutter hinaus; sie ist krank und schwach und wird sich daran laben. Mach dich auf, bevor es heiß wird, und wenn du hinauskommst, so geh hübsch sittsam und lauf nicht vom Weg ab, sonst fällst du und zerbrichst das Glas und die Großmutter hat nichts. Und wenn du in ihre Stube kommst, so vergiss nicht, Guten Morgen zu sagen und guck nicht erst in allen Ecken herum.«

»Ich will schon alles gut machen«, sagte Rotkäppchen zur Mutter und gab ihr die Hand darauf. Die Großmutter aber wohnte draußen im Wald, eine halbe Stunde vom Dorf.

Wie nun Rotkäppchen in den Wald kam, begegnete ihm der Wolf. Rotkäppchen aber wusste nicht, was das für ein böses Tier war und fürchtete sich nicht vor ihm. »Guten Tag, Rotkäppchen«, sprach er. – »Schönen Dank, Wolf.« – »Wo hinaus so früh, Rotkäppchen?« – »Zur Großmutter.« – »Was trägst du unter der Schürze?« – »Kuchen und Wein. Gestern haben wir gebacken, da soll sich die kranke und schwache Großmutter etwas zugute tun und sich damit stärken.« – »Rotkäppchen, wo wohnt deine Großmutter?« – »Noch eine gute Viertelstunde weiter im Wald, unter den drei großen Eichbäumen, da steht ihr Haus. Unten sind die Nusshecken, das wirst du ja wissen«, sagte Rotkäppchen.

Der Wolf dachte bei sich: Das junge, zarte Ding, das ist ein fetter Bissen, der wird noch besser schmecken als die Alte. Du musst es listig anfangen, damit du beide erschnappst. Da ging er ein Weilchen neben

Rotkäppchen her, dann sprach er: »Rotkäppchen, sieh einmal die schönen Blumen, die ringsumher stehen. Warum guckst du dich nicht um? Ich glaube, du hörst gar nicht, wie die Vöglein so lieblich singen. Du gehst ja für dich hin, als wenn du zur Schule gingst und es ist so lustig draußen in dem Wald.«

Rotkäppchen schlug die Augen auf und als es sah, wie die Sonnenstrahlen durch die Bäume hin und her tanzten und alles voll schöner Blumen stand, dachte es: Wenn ich der Großmutter einen frischen Strauß mitbringe, der wird ihr auch Freude machen; es ist so früh am Tag, dass ich doch zu rechter Zeit ankomme, lief vom Wege ab in den Wald hinein und suchte Blumen. Und wenn es eine gebrochen hatte, meinte es, weiter hinaus stände eine schönere, und lief danach und geriet immer tiefer in den Wald hinein. Der Wolf aber ging geradenwegs nach dem Haus der Großmutter und klopfte an die Türe. »Wer ist draußen?« – »Rotkäppchen, das bringt Kuchen und Wein. Mach auf.« – »Drück nur auf die Klinke!«, rief die Großmutter, »ich bin zu schwach und kann nicht aufstehen.« Der Wolf drückte auf die Klinke, die Türe sprang auf und er ging, ohne ein Wort zu sprechen, gerade zum Bett der Großmutter und verschluckte sie. Dann tat er ihre Kleider an, setzte ihre Haube auf, legte sich in ihr Bett und zog die Vorhänge zu.

Rotkäppchen aber war nach den Blumen herumgelaufen und als es so viel zusammen hatte, dass es keine mehr tragen konnte, fiel ihm die Großmutter wieder ein und es machte sich auf den Weg zu ihr. Es wunderte sich, dass die Türe aufstand und wie es in die Stube trat, so kam es ihm so seltsam darin vor, dass es dachte: Ei, du mein Gott, wie ängstlich wird mir's heute zumut, und bin sonst so gerne bei der Großmutter! Es rief: »Guten Morgen!«, bekam aber keine Antwort. Darauf ging es zum Bett und zog die Vorhänge zurück. Da lag die Großmutter und hatte die Haube tief ins Gesicht gesetzt und sah so verwunderlich aus. »Ei, Großmutter, was hast du für große Ohren!« – »Dass ich dich besser hören kann.« – »Ei, Großmutter, was hast du für große Augen!« – »Dass ich dich besser sehen kann.« – »Ei, Großmutter, was hast du für große Hände!« – »Dass ich dich besser packen kann.« – »Aber

65

Großmutter, was hast du für ein entsetzlich großes Maul!« – »Dass ich dich besser fressen kann!« Kaum hatte der Wolf das gesagt, so tat er einen Satz aus dem Bett und verschlang das arme Rotkäppchen.

Wie der Wolf sein Gelüsten gestillt hatte, legte er sich wieder ins Bett, schlief ein und fing an, überlaut zu schnarchen. Der Jäger ging eben an dem Haus vorbei und dachte: Wie die alte Frau schnarcht, du musst doch sehen, ob ihr etwas fehlt. Da trat er in die Stube und wie er vor das Bette kam, so sah er, dass der Wolf darin lag. »Finde ich dich hier, du alter Sünder«, sagte er, »ich habe dich lange gesucht.« Nun wollte er seine Büchse anlegen, da fiel ihm ein, der Wolf könnte die Großmutter gefressen haben, und sie wäre noch zu retten. Er schoss nicht, sondern nahm eine Schere und fing an, dem schlafenden Wolf den Bauch aufzuschneiden. Wie er ein paar Schnitte getan hatte, da sah er das rote Käppchen leuchten und noch ein paar Schnitte, da sprang das Mädchen heraus und rief: »Ach, wie war ich erschrocken, wie war's so dunkel in dem Wolf seinem Leib!« Und dann kam die alte Großmutter auch noch lebendig heraus und konnte kaum atmen. Rotkäppchen aber holte geschwind große Steine. Damit füllten sie dem Wolf den Leib und wie er aufwachte, wollte er fortspringen, aber die Steine waren so schwer, dass er gleich niedersank und sich tot fiel.

Da waren alle drei vergnügt. Der Jäger zog dem Wolf den Pelz ab und ging damit heim; die Großmutter aß den Kuchen und trank den Wein, den Rotkäppchen gebracht hatte, und erholte sich wieder; Rotkäppchen aber dachte: Du willst dein Lebtag nicht wieder allein vom Wege ab in den Wald laufen, wenn dir's die Mutter verboten hat!

Es wird auch erzählt, dass einmal, als Rotkäppchen der alten Großmutter wieder Gebackenes brachte, ein anderer Wolf ihm zugesprochen und es vom Wege hatte ableiten wollen. Rotkäppchen aber hütete sich und ging geradefort seines Wegs und sagte der Großmutter, dass es dem Wolf begegnet wäre, der ihm Guten Tag gewünscht, aber so bös aus den Augen geguckt hätte: »Wenn's nicht auf offener Straße gewesen wäre, er hätte mich gefressen.« – »Komm«, sagte die Großmutter, »wir wollen die Türe verschließen, dass er nicht herein kann.« Bald darauf klopfte der Wolf an und rief: »Mach auf, Großmutter, ich bin das Rotkäppchen. Ich bring dir Gebackenes.« Sie schwiegen aber still und machten die Tür nicht auf. Da schlich der Graukopf etliche Mal um das Haus, sprang endlich aufs Dach und wollte warten, bis Rotkäppchen abends nach Haus ginge. Dann wollte er ihm nachschleichen und wollt's in der Dunkelheit fressen. Aber die Großmutter merkte, was er im Sinn hatte. Nun stand vor dem Haus ein großer Steintrog, da sprach sie zu dem Kind: »Nimm den Eimer, Rotkäppchen. Gestern hab ich Würste gekocht, da trag das Wasser, worin sie gekocht sind, in den Trog.« Rotkäppchen trug so lange, bis der große Trog ganz voll war. Da stieg der Geruch von den Würsten dem Wolf in die Nase, er schnupperte und guckte hinab. Endlich machte er den Hals so lang, dass er sich nicht mehr halten konnte und anfing zu rutschen. So rutschte er vom Dach herab, gerade in den großen Trog hinein und ertrank. Rotkäppchen aber ging fröhlich nach Haus und tat ihm niemand etwas zuleid.

Hänsel und Gretel

Vor einem großen Walde wohnte ein armer Holzhacker mit seiner Frau und seinen zwei Kindern. Das Bübchen hieß Hänsel und das Mädchen Gretel. Er hatte wenig zu beißen und zu brechen und einmal, als große Teuerung ins Land kam, konnte er auch das tägliche Brot nicht mehr schaffen. Wie er sich nun abends im Bette Gedanken machte und sich vor Sorgen herumwälzte, seufzte er und sprach zu seiner Frau: »Was soll aus uns werden? Wie können wir unsere armen Kinder ernähren, da wir für uns selbst nichts mehr haben?« – »Weißt du was, Mann«, antwortete die Frau, »wir wollen morgen in aller Frühe die Kinder hinaus in den Wald führen, wo er am dicksten ist. Da machen wir ihnen ein Feuer an und geben jedem noch ein Stückchen Brot, dann gehen wir an unsere Arbeit und lassen sie allein. Sie finden den Weg nicht zurück und wir sind sie los.« – »Nein, Frau«, sagte der Mann, »das tue ich nicht. Wie sollt ich's übers Herz bringen, meine Kinder im Walde allein zu lassen. Die wilden Tiere würden bald kommen und sie zerreißen.« – »O du Narr«, sagte sie, »dann müssen wir alle viere Hungers sterben. Du kannst nur die Bretter für die Särge hobeln – «, und ließ ihm keine Ruhe, bis er einwilligte. »Aber die armen Kinder dauern mich doch«, sagte der Mann.

Die zwei Kinder hatten vor Hunger auch nicht einschlafen können und hatten gehört, was die Stiefmutter zum Vater gesagt hatte. Gretel weinte bittere Tränen und sprach zu Hänsel: »Nun ist's um uns geschehen.« – »Still, Gretel«, sprach Hänsel, »gräme dich nicht, ich will uns schon helfen.« Und als die Alten eingeschlafen waren, stand er auf, zog sein Röcklein an, machte die Untertüre auf und schlich sich hinaus. Da schien der Mond ganz helle und die weißen Kieselsteine, die vor dem Hause lagen, glänzten wie lauter Batzen. Hänsel bückte sich und steckte so viel in sein Rocktäschlein, als nur hinein wollten. Dann ging er wieder zurück, sprach zu Gretel: »Sei getrost, liebes Schwesterchen und schlaf nur ruhig ein, Gott wird uns nicht verlassen«, und legte sich wieder ins Bett.

Als der Tag anbrach, noch ehe die Sonne aufgegangen war, kam schon die Frau und weckte die beiden Kinder: »Steht auf, ihr Faulenzer, wir wollen in den Wald gehen und Holz holen.« Dann gab sie jedem ein Stückchen Brot und sprach: »Da habt ihr etwas für den Mittag, aber esst's nicht vorher auf, weiter kriegt ihr nichts.« Gretel nahm das Brot unter die Schürze, weil Hänsel die Steine in der Tasche hatte. Danach machten sie sich alle zusammen auf den Weg nach dem Wald. Als sie ein Weilchen gegangen waren, stand Hänsel still und guckte nach dem Haus zurück und tat das wieder und immer wieder. Der Vater sprach: »Hänsel, was guckst du da und bleibst zurück. Hab Acht und vergiss deine Beine nicht.« – »Ach, Vater«, sagte Hänsel, »ich sehe nach meinem weißen Kätzchen, das sitzt oben auf dem Dach und will mir Ade sagen.« Die Frau sprach: »Narr, das ist dein Kätzchen nicht, das ist die Morgensonne, die auf den Schornstein scheint.« Hänsel aber hatte nicht nach dem Kätzchen gesehen, sondern immer einen von den blanken Kieselsteinen aus seiner Tasche auf den Weg geworfen.

Als sie mitten in den Wald gekommen waren, sprach der Vater: »Nun sammelt Holz, ihr Kinder, ich will ein Feuer anmachen, damit ihr nicht friert.« Hänsel und Gretel trugen Reisig zusammen, einen kleinen Berg hoch. Das Reisig ward angezündet und als die Flamme recht hoch brannte, sagte die Frau: »Nun legt euch ans Feuer, ihr Kinder, und ruht euch aus, wir gehen in den Wald und hauen Holz. Wenn wir fertig sind, kommen wir wieder und holen euch ab.«

Hänsel und Gretel saßen am Feuer und als der Mittag kam, aß jedes ein Stücklein Brot. Und weil sie die Schläge der Holzaxt hörten, so glaubten sie, ihr Vater wäre in der Nähe. Es war aber nicht die Holzaxt, es war ein Ast, den er an einen dürren Baum gebunden hatte und den der Wind hin und her schlug. Und als sie so lange gesessen hatten, fielen ihnen die Augen vor Müdigkeit zu und sie schliefen fest ein.

Als sie endlich erwachten, war es schon finstere Nacht. Gretel fing an zu weinen und sprach: »Wie sollen wir nun aus dem Wald kommen!« Hänsel aber tröstete sie: »Wart nur ein Weilchen, bis der Mond aufgegangen ist, dann wollen wir den Weg schon finden.« Und als der volle Mond aufgestiegen war, so nahm Hänsel sein Schwesterchen an der Hand und ging den Kieselsteinen nach, die schimmerten wie neu geschlagene Batzen und zeigten ihnen den Weg. Sie gingen die ganze Nacht hindurch und kamen bei anbrechendem Tag wieder zu ihres Vaters Haus. Sie klopften an die Tür und als die Frau aufmachte und sah, dass es Hänsel und Gretel waren, sprach sie: »Ihr bösen Kinder, was habt ihr so lange im Wald geschlafen. Wir haben geglaubt, ihr wolltet gar nicht wiederkommen.« Der Vater aber freute sich, denn es war ihm zu Herzen gegangen, dass er sie so allein zurückgelassen hatte.

Nicht lange danach war wieder Not in allen Ecken und die Kinder hörten, wie die Mutter nachts im Bette zu dem Vater sprach: »Alles ist wieder aufgezehrt. Wir haben noch einen halben Laib Brot, hernach hat das Lied ein Ende. Die Kinder müssen fort, wir wollen sie tiefer in den Wald hineinführen, damit sie den Weg nicht wieder herausfinden. Es ist sonst keine Rettung für uns.« Dem Mann fiel's schwer aufs Herz und er dachte: Es wäre besser, dass du den letzten Bissen mit deinen Kindern teiltest. Aber die Frau hörte auf nichts, was er sagte, schalt ihn und machte ihm Vorwürfe. Wer A sagt, muss auch B sagen und weil er das erste Mal nachgegeben hatte, so musste er es auch zum zweiten Mal.

Die Kinder waren aber noch wach gewesen und hatten das Gespräch mit angehört. Als die Alten schliefen, stand Hänsel wieder auf, wollte hinaus und Kieselsteine auflesen, wie das vorige Mal. Aber die Frau hatte die Tür verschlossen und Hänsel konnte nicht hinaus. Aber er tröstete sein Schwesterchen und sprach: »Weine nicht, Gretel, und schlaf nur ruhig. Der liebe Gott wird uns schon helfen.«

Am frühen Morgen kam die Frau und holte die Kinder aus dem Bette. Sie erhielten ihr Stückchen Brot, das war aber noch kleiner als das vorige Mal. Auf dem Wege nach dem Walde bröckelte es Hänsel in der Tasche, stand oft still und warf ein Bröcklein auf die Erde. »Hänsel, was stehst du da und guckst dich um«, sagte der Vater, »geh deiner Wege.« – »Ich sehe nach meinem Täubchen, das sitzt auf dem Dache und will mir Ade sagen«, antwortete Hänsel. – »Narr«, sagte die Frau, »das ist dein Täubchen nicht, das ist die Morgensonne, die auf den Schornstein oben scheint.« Hänsel aber warf nach und nach alle Bröcklein auf den Weg.

Die Frau führte die Kinder noch tiefer in den Wald, wo sie ihr Lebtag noch nicht gewesen waren. Da ward wieder ein großes Feuer angemacht und die Mutter sagte: »Bleibt nur da sitzen, ihr Kinder, und wenn ihr müde seid, könnt ihr ein wenig schlafen; wir gehen in den Wald und hauen Holz und abends, wenn wir fertig sind, kommen wir und holen euch ab.« Als es Mittag war, teilte Gretel ihr Brot mit Hänsel, der sein Stück auf den Weg gestreut hatte. Dann schliefen sie ein, und der Abend verging, aber niemand kam zu den armen Kindern. Sie erwachten erst in der finstern Nacht und Hänsel tröstete sein Schwesterchen und sagte: »Wart nur, Gretel, bis der Mond aufgeht, dann werden wir die Brotbröcklein sehen, die ich ausgestreut habe. Die zeigen uns den Weg nach Haus.« Als der Mond kam, machten sie sich auf, aber sie fanden kein Bröcklein mehr, denn die vieltausend Vögel, die im Walde und im Felde umherfliegen, die hatten sie weggepickt. Hänsel sagte zu Gretel: »Wir werden den Weg schon finden«, aber sie fanden ihn nicht. Sie gingen die ganze Nacht und noch einen Tag vom Morgen bis Abend, aber sie kamen aus dem Wald nicht heraus und waren so hungrig, denn sie hatten nichts als die paar Beeren, die auf der Erde standen. Und weil sie so müde waren, dass die Beine sie nicht mehr tragen wollten, so legten sie sich unter einen Baum und schliefen ein.

Nun war's schon der dritte Morgen, dass sie ihres Vaters Haus verlassen hatten. Sie fingen wieder an zu gehen, aber sie gerieten immer tiefer in den Wald und wenn nicht bald Hilfe kam, so mussten sie verschmachten. Als es Mittag war, sahen sie ein schönes, schneeweißes Vöglein auf einem Ast sitzen, das sang so schön, dass sie stehenblieben und ihm zuhörten. Und als es fertig war, schwang es seine Flügel und flog vor ihnen her. Und sie gingen ihm nach, bis sie zu einem Häuschen gelangten, auf dessen Dach es sich setzte und als sie ganz nahe herankamen, so sahen sie, dass das Häuslein aus Brot gebaut war und mit Kuchen gedeckt. Aber die Fenster waren von hellem Zucker. »Da wollen wir uns dranmachen«, sprach Hänsel, »und eine gesegnete Mahlzeit halten. Ich will ein Stück vom Dach essen. Gretel, du kannst vom Fenster essen, das schmeckt süß.« Hänsel reichte in die Höhe und brach sich ein wenig vom Dach ab, um zu versuchen, wie es schmeckte, und Gretel stellte sich an die Scheiben und knusperte daran. Da rief eine feine Stimme aus der Stube heraus:

»Knusper, knusper, kneischen,
wer knuspert an meinem Häuschen?«

Die Kinder antworteten:

»Der Wind, der Wind,
das himmlische Kind«

und aßen weiter, ohne sich irremachen zu lassen. Hänsel, dem das Dach sehr gut schmeckte, riss sich ein großes Stück davon herunter und

Gretel stieß eine ganze runde Fensterscheibe heraus, setzte sich nieder und tat sich wohl damit.

Da ging auf einmal die Tür auf und eine steinalte Frau, die sich auf eine Krücke stützte, kam herausgeschlichen. Hänsel und Gretel erschraken so gewaltig, dass sie fallen ließen, was sie in den Händen hielten. Die Alte aber wackelte mit dem Kopfe und sprach: »Ei, ihr lieben Kinder, wer hat euch hierher gebracht? Kommt nur herein und bleibt bei mir, es geschieht euch kein Leid.« Sie fasste beide an der Hand und führte sie in ihr Häuschen. Da ward gutes Essen aufgetragen, Milch und Pfannkuchen mit Zucker, Äpfel und Nüsse. Hernach wurden zwei schöne Bettlein weiß gedeckt und Hänsel und Gretel legten sich hinein und meinten, sie wären im Himmel.

Die Alte hatte sich nur so freundlich gestellt, sie war aber eine böse Hexe, die den Kindern auflauerte, und hatte das Brothäuslein bloß gebaut, um sie herbeizulocken. Wenn eins in ihre Gewalt kam, so machte sie es tot, kochte es und aß es und das war ihr ein Festtag. Die Hexen haben rote Augen und können nicht weit sehen, aber sie haben eine feine Witterung wie die Tiere und merken's, wenn Menschen herankommen. Als Hänsel und Gretel in ihre Nähe kamen, da lachte sie boshaft und sprach höhnisch: »Die habe ich, die sollen mir nicht wieder entwischen.«

Frühmorgens, ehe die Kinder erwacht waren, stand sie schon auf und als sie beide so lieblich ruhen sah, mit den vollen roten Backen, so murmelte sie vor sich hin: »Das wird ein guter Bissen werden.« Da packte sie Hänsel mit ihrer dürren Hand und trug ihn in einen kleinen Stall und sperrte ihn mit einer Gittertüre ein. Er mochte schreien, wie er wollte, es half ihm nichts. Dann ging sie zu Gretel, rüttelte sie wach und rief: »Steh auf, Faulenzerin, trag Wasser und koch deinem Bruder etwas Gutes. Der sitzt draußen im Stall und soll fett werden. Wenn er fett ist, so will ich ihn essen.« Gretel fing an, bitterlich zu weinen, aber es war alles vergeblich. Sie musste tun, was die böse Hexe verlangte.

Nun ward dem armen Hänsel das beste Essen gekocht, aber Gretel bekam nichts als Krebsschalen. Jeden Morgen schlich die Alte zu dem

Ställchen und rief: »Hänsel, streck deine Finger heraus, damit ich fühle, ob du bald fett bist.« Hänsel streckte ihr aber ein Knöchlein heraus und die Alte, die trübe Augen hatte, konnte es nicht sehen und meinte, es wären Hänsels Finger, und verwunderte sich, dass er gar nicht fett werden wollte. Als vier Wochen herum waren und Hänschen immer mager blieb, da überkam sie die Ungeduld und sie wollte nicht länger warten. »He da, Gretel!«, rief sie dem Mädchen zu, »sei flink und trag Wasser; Hänsel mag fett oder mager sein, morgen will ich ihn schlachten und kochen.« Ach, wie jammerte das arme Schwesterchen, als es Wasser tragen musste, und wie flossen ihm die Tränen über die Backen herunter. »Lieber Gott, hilf uns doch!«, rief sie aus. »Hätten uns nur die wilden Tiere im Wald gefressen, so wären wir doch zusammen gestorben.« – »Spar nur dein Geplärre«, sagte die Alte, »es hilft dir alles nichts.«

Frühmorgens musste Gretel heraus, den Kessel mit Wasser aufhängen und Feuer anzünden. »Erst wollen wir backen«, sagte die Alte, »ich habe den Backofen schon eingeheizt und den Teig geknetet.« Sie stieß das arme Gretel hinaus zu dem Backofen, aus dem die Feuerflammen schon herausschlugen. »Kriech hinein«, sagte die Hexe, »und sieh zu, ob recht eingeheizt ist, damit wir das Brot hineinschieben können.« Und wenn Gretel darin war, wollte sie den Ofen zumachen und Gretel sollte darin braten und dann wollte sie's auch aufessen. Aber Gretel merkte, was sie im Sinn hatte, und sprach: »Ich weiß nicht, wie ich's machen soll. Wie komm ich da hinein?« – »Dumme Gans«, sagte die Alte, »die Öffnung ist groß genug, siehst du wohl, ich könnte selbst hinein«, krabbelte heran und steckte den Kopf in den Backofen. Da gab ihr Gretel einen Stoß, dass sie weit hineinfuhr, machte die eiserne Tür zu und schob den Riegel vor. Hu! da fing sie an zu heulen, ganz grauselig; aber Gretel lief fort und die gottlose Hexe musste elendiglich verbrennen.

Gretel aber lief schnurstracks zum Hänsel, öffnete sein Ställchen und rief: »Hänsel, wir sind erlöst, die alte Hexe ist tot!« Da sprang Hänsel heraus wie ein Vogel aus dem Käfig, wenn ihm die Türe auf-

73

gemacht wird. Wie haben sie sich gefreut, sind sich um den Hals gefallen, sind herumgesprungen und haben sich geküsst! Und weil sie sich nicht mehr zu fürchten brauchten, so gingen sie in das Haus der Hexe hinein, da standen in allen Ecken Kasten mit Perlen und Edelsteinen. »Die sind noch besser als Kieselsteine«, sagte Hänsel und steckte in seine Taschen, was hinein wollte, und Gretel sagte: »Ich will auch etwas mit nach Haus bringen«, und füllte sich ein Schürzchen voll. »Aber jetzt wollen wir fort«, sagte Hänsel, »damit wir aus dem Hexenwald herauskommen.«

Als sie aber ein paar Stunden gegangen waren, gelangten sie an ein großes Wasser. »Wir können nicht hinüber«, sprach Hänsel, »ich seh keinen Steg und keine Brücke.« – »Hier fährt auch kein Schiffchen«, antwortete Gretel, »aber da schwimmt eine weiße Ente, wenn ich die bitte, so hilft sie uns hinüber.« Da rief sie:

»Entchen, Entchen,
da steht Gretel und Hänsel,
kein Steg und keine Brücke,
nimm uns auf deinen weißen Rücken.«

Das Entchen kam auch heran und Hänsel setzte sich auf und bat sein Schwesterchen, sich zu ihm zu setzen. »Nein«, antwortete Gretel, »es wird dem Entchen zu schwer. Es soll uns nacheinander hinüberbringen.« Das tat das gute Tierchen und als sie glücklich drüben waren und ein Weilchen fortgingen, da kam ihnen der Wald immer bekannter vor und endlich erblickten sie von weitem ihres Vaters Haus. Da fingen sie an zu laufen, stürzten in die Stube hinein und fielen ihrem Vater um den Hals. Der Mann hatte keine frohe Stunde gehabt, seitdem er die Kinder im Walde gelassen hatte. Die Frau aber war gestorben. Gretel schüttelte sein Schürzchen aus, dass die Perlen und Edelsteine in der Stube herumsprangen und Hänsel warf eine Handvoll nach der andern aus seiner Tasche dazu. Da hatten alle Sorgen ein Ende und sie lebten in lauter Freude zusammen.

Mein Märchen ist aus, dort läuft eine Maus, wer sie fängt, darf sich eine große, große Pelzkappe daraus machen.

Das Hirtenbüblein

Es war einmal ein Hirtenbüblein, das war wegen seiner weisen Antworten, die es auf alle Fragen gab, weit und breit berühmt. Der König des Landes hörte davon, glaubte es nicht und ließ das Bübchen kommen.

Da sprach er zu ihm: »Kannst du mir auf drei Fragen, die ich dir vorlegen will, Antwort geben, so will ich dich ansehen wie mein eigen Kind und du sollst bei mir in meinem königlichen Schloss wohnen.«

Sprach das Büblein: »Wie lauten die drei Fragen?«

Der König sagte: »Die erste lautet: Wie viel Tropfen Wasser sind in dem Weltmeer?«

Das Hirtenbüblein antwortete: »Herr König, lasst alle, alle Flüsse auf der Erde verstopfen, damit kein Tröpflein mehr daraus ins Meer läuft, das ich nicht erst gezählt habe, so will ich Euch sagen, wie viel Tropfen im Meer sind.«

Sprach der König: »Die andere Frage lautet: Wie viel Sterne stehen am Himmel?« Das Hirtenbüblein sagte: »Gebt mir einen großen Bogen weiß Papier«, und dann machte es mit der Feder so viel Punkte darauf, dass sie kaum zu sehen und fast gar nicht zu zählen waren und einem die Augen vergingen, wenn man darauf blickte. Darauf sprach es: »So viel Sterne stehen am Himmel, als hier Punkte auf dem Papier, zählt sie nur.« Aber niemand war dazu im Stande.

Sprach der König: »Die dritte Frage lautet: Wie viel Sekunden hat die Ewigkeit?« Da sagte das Hirtenbüblein: »In Hinterpommern liegt der Demantberg, der hat eine Stunde in die Höhe, eine Stunde in die Breite und eine Stunde in die Tiefe; dahin kommt alle hundert Jahre ein Vöglein und wetzt sein Schnäblein dran und wenn der ganze Berg abgewetzt ist, dann ist die erste Sekunde von der Ewigkeit vorbei.«

Sprach der König: »Du hast die drei Fragen aufgelöst wie ein Weiser und sollst fortan bei mir in meinem königlichen Schlosse wohnen und ich will dich ansehen wie mein eigenes Kind.«

Das tapfere Schneiderlein

An einem Sommermorgen saß ein Schneiderlein auf seinem Tisch am Fenster, war guter Dinge und nähte aus Leibeskräften. Da kam eine Bauersfrau die Straße herab und rief: »Gut Mus feil! Gut Mus feil!« Das klang dem Schneiderlein lieblich in die Ohren, es steckte sein zartes Haupt zum Fenster hinaus und rief: »Hier herauf, liebe Frau, hier wird Sie Ihre Ware los.« Die Frau stieg die drei Treppen mit ihrem schweren Korbe zu dem Schneider herauf und musste die Töpfe sämtlich vor ihm auspacken. Er besah sie alle, hob sie in die Höhe, hielt die Nase dran und sagte endlich: »Das Mus scheint mir gut, wieg Sie mir doch vier Lot ab, liebe Frau; wenn's auch ein Viertelpfund ist, kommt es mir nicht darauf an.« Die Frau, welche gehofft hatte, einen guten Absatz zu finden, gab ihm, was er verlangte, ging aber ganz ärgerlich und brummig fort. »Nun, das Mus soll mir Gott gesegnen«, rief das Schneiderlein, »und soll mir Kraft und Stärke geben«, holte das Brot aus dem Schrank, schnitt sich ein Stück über den ganzen Laib und strich das Mus darüber. »Das wird nicht bitter schmecken«, sprach er, »aber erst will ich das Wams fertigmachen, eh ich anbeiße.« Er legte das Brot neben sich, nähte weiter und machte vor Freude immer größere Stiche. Indes stieg der Geruch von dem süßen Mus hinauf an die Wand, wo die Fliegen in großer Menge saßen, so dass sie herangelockt wurden und sich scharenweis darauf niederließen. »Ei, wer hat euch eingeladen?«, sprach das Schneiderlein und jagte die ungebetenen Gäste fort. Die Fliegen aber, die kein Deutsch verstanden, ließen sich nicht abweisen, sondern kamen in immer größerer Gesellschaft wieder. Da lief dem Schneiderlein endlich, wie man sagt, die Laus über die Leber. Es langte aus seiner Hölle nach einem Tuchlappen und: »Wart, ich will es euch geben!«, schlug es unbarmherzig drauf. Als er es abzog und zählte, so lagen nicht weniger als sieben vor ihm tot und streckten die Beine. »Bist du so ein Kerl?«, sprach es und musste selbst seine Tapferkeit bewundern. »Das soll die ganze Stadt erfahren.« Und in der Hast

76

schnitt sich das Schneiderlein einen Gürtel, nähte ihn und stickte mit großen Buchstaben darauf: ›Siebene auf einen Streich!‹ »Ei was, Stadt!«, sprach er weiter. »Die ganze Welt soll's erfahren!« Und sein Herz wackelte ihm vor Freude wie ein Lämmerschwänzchen.

Der Schneider band sich den Gürtel um den Leib und wollte in die Welt hinaus, weil er meinte, die Werkstätte sei zu klein für seine Tapferkeit. Eh er abzog, suchte er im Haus herum, ob nichts da wäre, was er mitnehmen könnte, er fand aber nichts als einen alten Käs, den steckte er ein. Vor dem Tor bemerkte er einen Vogel, der sich im Gesträuch gefangen hatte, der musste zu dem Käse in die Tasche. Nun nahm er den Weg tapfer zwischen die Beine und weil er leicht und behänd war, fühlte er keine Müdigkeit. Der Weg führte ihn auf einen Berg und als er den höchsten Gipfel erreicht hatte, so saß da ein gewaltiger Riese und schaute sich ganz gemächlich um. Das Schneiderlein ging beherzt auf ihn zu, redete ihn an und sprach: »Guten Tag, Kamerad, gelt, du sitzest da und besiehst dir die weitläufige Welt? Ich bin eben auf dem Wege dahin und will mich versuchen. Hast du Lust, mitzugehen?« Der Riese sah den Schneider verächtlich an und sprach: »Du Lump, du miserabler Kerl!« – »Das wäre!«, antwortete das Schneiderlein, knöpfte den Rock auf und zeigte dem Riesen den Gürtel. »Da kannst du lesen, was ich für ein Mann bin.« Der Riese las: ›Siebene auf einen Streich‹, meinte, das wären Menschen gewesen, die der Schneider erschlagen hätte, und kriegte ein wenig Respekt vor dem kleinen Kerl. Doch wollte er ihn erst prüfen, nahm einen Stein in die Hand und drückte ihn zusammen, dass das Wasser heraustropfte. »Das mach mir nach«, sprach der Riese, »wenn du Stärke hast.«

»Ist's weiter nichts?«, sagte das Schneiderlein. »Das ist bei unsereinem Spielwerk«, griff in die Tasche, holte den weichen Käs und drückte ihn, dass der Saft herauslief. »Gelt«, sprach er, »das war ein wenig besser?« Der Riese wusste nicht, was er sagen sollte, und konnte es von dem Männlein nicht glauben. Da hob der Riese einen Stein auf und warf ihn so hoch, dass man ihn mit Augen kaum noch sehen konnte. »Nun, du Erpelmännchen, das tu mir nach.« – »Gut geworfen«, sagte der Schneider, »aber der Stein hat doch wieder zur Erde herabfallen müssen, ich will dir einen werfen, der soll gar nicht wiederkommen«, griff in die Tasche, nahm den Vogel und warf ihn in die Luft. Der Vogel, froh über seine Freiheit, stieg auf, flog fort und kam nicht wieder. »Wie gefällt dir das Stückchen, Kamerad?«, fragte der Schneider. »Werfen kannst du wohl«, sagte der Riese, »aber nun wollen wir sehen, ob du im Stande bist, etwas Ordentliches zu tragen.« Er führte das Schneiderlein zu einem mächtigen Eichbaum, der da gefällt auf dem Boden lag, und sagte: »Wenn du stark genug bist, hilf mir, den Baum aus dem Walde tragen.«

»Gerne«, antwortete der kleine Mann, »nimm du nur den Stamm auf deine Schulter, ich will die Äste mit dem Gezweig aufheben und tragen, das ist doch das Schwerste.« Der Riese nahm den Stamm auf die Schulter, der Schneider aber setzte sich auf einen Ast und der Riese, der sich nicht umsehen konnte, musste den ganzen Baum und das Schneiderlein noch obendrein forttragen. Es war da hinten ganz lustig und guter Dinge, pfiff das Liedchen ›Es ritten drei Schneider zum Tore hinaus‹, als wäre das Baumtragen ein Kinderspiel. Der Riese, nachdem er ein Stück Wegs die schwere Last fortgeschleppt hatte, konnte nicht weiter und rief: »Hör, ich muss den Baum fallen lassen.« Der Schneider sprang behändiglich herab, fasste den Baum mit beiden Armen, als wenn er ihn getragen hätte, und sprach zum Riesen: »Du bist ein so großer Kerl und kannst den Baum nicht einmal tragen.«

Sie gingen zusammen weiter und als sie an einem Kirschbaum vorbeikamen, fasste der Riese die Krone des Baumes, wo die zeitigsten Früchte hingen, bog sie herab, gab sie dem Schneider in die Hand und hieß ihn essen. Das Schneiderlein aber war viel zu schwach, um den Baum zu halten und als der Riese losließ, fuhr der Baum in die Höhe und der Schneider ward mit in die Luft geschnellt. Als er wieder ohne Schaden herabgefallen war, sprach der Riese: »Was ist das, hast du nicht Kraft, die schwache Gerte zu halten?«

»An der Kraft fehlt es nicht«, antwortete das Schneiderlein, »meinst du, das wäre etwas für einen, der siebene mit einem Streich getroffen hat? Ich bin über den Baum gesprungen, weil die Jäger da unten in das Gebüsch schießen. Spring nach, wenn du's vermagst.« Der Riese machte den Versuch, konnte aber nicht über den Baum kommen, sondern blieb in den Ästen hängen, also, dass das Schneiderlein auch die Oberhand behielt. Der Riese sprach: »Wenn du so ein tapferer Kerl bist, so komm mit in unsere Höhle und übernachte bei uns.« Das Schneiderlein war bereit und folgte ihm. Als sie in der Höhle anlangten, saßen da noch andere Riesen beim Feuer und jeder hatte ein gebratenes Schaf in der Hand und aß davon. Das Schneiderlein sah sich um und dachte: Es ist doch hier viel weitläufiger als in meiner Werkstatt. Der Riese wies ihm ein Bett an und sagte, er sollte sich hinlegen und ausschlafen. Dem Schneiderlein war aber das Bett zu groß, es legte sich nicht hinein, sondern kroch in eine Ecke. Als es Mitternacht war und der Riese meinte, das Schneiderlein läge in tiefem Schlafe, so stand er auf, nahm eine große Eisenstange, schlug das Bett mit einem Schlag durch und meinte, er hätte dem Grashüpfer den Garaus gemacht. Mit dem frühesten Morgen gingen die Riesen in den Wald und hatten das Schneiderlein ganz vergessen, da kam es auf einmal ganz lustig und verwegen dahergeschritten. Die Riesen erschraken, fürchteten, es schlüge sie alle tot und liefen in einer Hast fort. Das Schneiderlein zog weiter, immer seiner spitzen Nase nach. Nachdem es lange gewandert war, kam es in den Hof eines königlichen Palastes und da es Müdigkeit empfand, legte es sich ins Gras und schlief ein. Während es da lag, kamen die Leute, betrachteten das Schneiderlein von allen Seiten und lasen verwundert auf dem Gürtel: ›Siebene auf einen Streich‹. »Ach«, sprachen sie, »was will der große Kriegsheld hier mitten im Frieden? Das muss ein mächtiger Herr sein.« Sie gingen und meldeten es dem König und meinten, wenn Krieg ausbrechen sollte, so wäre das ein wichtiger und nützlicher Mann, den man um keinen Preis fortlassen dürfte. Dem König gefiel der Rat und er schickte einen von seinen Hofleuten an das Schneiderlein ab, der sollte ihm, wenn es aufgewacht wäre, Kriegsdienste anbieten. Der Abgesandte blieb bei dem Schläfer stehen, wartete, bis er seine Glieder streckte und die Augen aufschlug, und brachte dann seinen

Antrag vor. »Eben deshalb bin ich hierhergekommen« antwortete er, »ich bin bereit, in des Königs Dienste zu treten.« Also ward er ehrenvoll empfangen und ihm eine besondere Wohnung angewiesen.

Die Kriegsleute aber waren dem Schneiderlein aufgesessen und wünschten, es wäre tausend Meilen weit weg. »Was soll daraus werden?«, sprachen sie untereinander. »Wenn wir Zank mit ihm kriegen und er haut zu, so fallen auf jeden Streich siebene. Da kann unsereiner nicht bestehen.« Also fassten sie einen Entschluss, begaben sich allesamt zum König und baten um ihren Abschied. »Wir sind nicht gemacht«, sprachen sie, »neben einem Manne auszuhalten, der siebene auf einen Streich schlägt.« Der König war traurig, dass er um des einen willen alle seine treuen Diener verlieren sollte, wünschte, dass seine Augen ihn nie gesehen hätten, und wäre ihn gerne wieder los gewesen. Aber er getraute sich nicht, ihm den Abschied zu geben, weil er fürchtete, er möchte ihn samt seinem Volke totschlagen und sich auf den königlichen Thron setzen. Er sann lange hin und her, endlich fand er einen Rat. Er schickte zu dem Schneiderlein und ließ ihm sagen, weil er ein so großer Kriegsheld wäre, so wollte er ihm ein Anerbieten machen. In einem Walde seines Landes hausten zwei Riesen, die mit Rauben, Morden, Sengen und Brennen großen Schaden stifteten, niemand dürfte sich ihnen nahen, ohne sich in Lebensgefahr zu setzen. Wenn er diese beiden Riesen überwände und tötete, so wollte er ihm seine einzige Tochter zur Gemahlin geben und das halbe Königreich zur Ehesteuer; auch sollten hundert Reiter mitziehen und ihm Beistand leisten. Das wäre so etwas für einen Mann, wie du bist, dachte das Schneiderlein, eine schöne Königstochter und ein halbes Königreich wird einem nicht alle Tage angeboten.

»O ja«, gab es zur Antwort, »die Riesen will ich schon bändigen und habe die hundert Reiter dabei nicht nötig: Wer siebene auf einen Streich trifft, braucht sich vor zweien nicht zu fürchten.«

Das Schneiderlein zog aus und die hundert Reiter folgten ihm. Als er zu dem Rand des Waldes kam, sprach er zu seinen Begleitern: »Bleibt hier nur halten, ich will schon allein mit den Riesen fertig werden.« Dann sprang er in den Wald hinein und schaute sich rechts und links um. Über ein Weilchen erblickte er beide Riesen: Sie lagen unter einem Baume und schliefen und schnarchten dabei, dass sich die Äste auf und nieder bogen. Das Schneiderlein, nicht faul, las beide Taschen voll Steine und stieg damit auf den Baum. Als es in der Mitte war, rutschte es auf einen Ast, bis es gerade über die Schläfer zu sitzen kam, und ließ dem einen Riesen einen Stein nach dem anderen auf die Brust fallen.

Der Riese spürte lange nichts, doch endlich wachte er auf, stieß seinen Gesellen an und sprach: »Was schlägst du mich?« – »Du träumst«, sagte der andere, »ich schlage dich nicht.« Sie legten sich wieder zum Schlaf, da warf der Schneider auf den zweiten einen Stein herab. »Was soll das?«, rief der andere, »warum wirfst du mich?« – »Ich werfe dich nicht«, antwortete der erste und brummte. Sie zankten sich eine Weile herum, doch weil sie müde waren, ließen sie's gut sein, und die Augen fielen ihnen wieder zu. Das Schneiderlein fing sein Spiel von neuem an, suchte den dicksten Stein aus und warf ihn dem ersten Riesen mit aller Gewalt auf die Brust. »Das ist zu arg!«, schrie er, sprang wie ein Unsinniger auf und stieß seinen Gesellen wider den Baum, dass dieser zitterte. Der andere zahlte mit gleicher Münze und sie gerieten in solche Wut, dass sie Bäume ausrissen, aufeinander losschlugen, so lang, bis sie endlich beide zugleich tot auf die Erde fielen. Nun sprang das Schneiderlein herab. »Ein Glück nur«, sprach es, »dass sie den Baum, auf dem ich saß, nicht ausgerissen haben, sonst hätte ich wie ein Eichhörnchen auf einen andern springen müssen: Doch unsereiner ist flüchtig!« Es zog sein Schwert und versetzte jedem ein paar tüchtige Hiebe in die Brust, dann ging es hinaus zu den Reitern und sprach: »Die Arbeit ist getan, ich habe beiden den Garaus gemacht: Aber hart ist es hergegangen, sie haben in der Not Bäume ausgerissen und sich gewehrt, doch das hilft alles nichts, wenn einer kommt wie ich, der siebene auf einen Streich schlägt.« – »Seid Ihr denn nicht verwundet?«, fragten die Reiter. »Das hat gute Wege«, antwortete der Schneider, »kein Haar haben sie mir gekrümmt.« Die Reiter wollten ihm keinen Glauben beimessen und ritten in den Wald hinein: Da fanden sie die Riesen in ihrem Blute schwimmend und ringsherum lagen die ausgerissenen Bäume.

Das Schneiderlein verlangte von dem König die versprochene Belohnung, den aber reute sein Versprechen und er sann aufs Neue, wie er sich den Helden vom Halse schaffen könnte. »Ehe du meine Tochter und das halbe Reich erhältst«, sprach er zu ihm, »musst du noch eine Heldentat vollbringen. In dem Walde läuft ein Einhorn, das großen Schaden anrichtet, das musst du erst einfangen.«

»Vor einem Einhorn fürchte ich mich noch weniger als vor zwei Riesen; siebene auf einen Streich, das ist meine Sache.« Er nahm sich einen Strick und eine Axt mit, ging hinaus in den Wald und hieß abermals die, welche ihm zugeordnet waren, außen warten. Er brauchte nicht lange zu suchen. Das Einhorn kam bald daher und sprang geradezu auf den Schneider los, als wollte es ihn ohne Umstände aufspießen. »Sachte, sachte«, sprach er, »so geschwind geht das nicht«, blieb stehen und wartete, bis das Tier ganz nahe war, dann sprang er behändiglich hinter den Baum. Das Einhorn rannte mit aller Kraft gegen den Baum und spießte sein Horn so fest in den Stamm, dass es nicht Kraft genug hatte, es wieder herauszuziehen und so war es gefangen. »Jetzt hab ich das Vöglein«, sagte der Schneider, kam hinter dem Baum hervor, legte dem Einhorn den Strick erst um den Hals, dann hieb er mit der Axt das Horn aus dem Baum und als alles in Ordnung war, führte er das Tier ab und brachte es dem König.

Der König wollte ihm den verheißenen Lohn noch nicht gewähren und machte eine dritte Forderung. Der Schneider sollte ihm vor der Hochzeit erst ein Wildschwein fangen, das in dem Wald großen Schaden tat; die Jäger sollten ihm Beistand leisten. »Gern«, sprach der Schneider, »das ist ein Kinderspiel.« Die Jäger nahm er nicht mit in den Wald und sie waren's wohl zufrieden, denn das Wildschwein hatte sie schon mehrmals so empfangen, dass sie keine Lust hatten, ihm nachzustellen. Als das Schwein den Schneider erblickte, lief es mit schäumendem Munde und wetzenden Zähnen auf ihn zu und wollte ihn zur Erde werfen: Der flüchtige Held aber sprang in eine Kapelle, die in der

Nähe war, und gleich oben zum Fenster in einem Satze wieder hinaus. Das Schwein war hinter ihm hergelaufen, er aber hüpfte außen herum und schlug die Türe hinter ihm zu; da war das wütende Tier gefangen, das viel zu schwer und unbeholfen war, um zu dem Fenster hinauszuspringen. Das Schneiderlein rief die Jäger herbei, die mussten den Gefangenen mit eigenen Augen sehen: Der Held aber begab sich zum Könige, der nun, er mochte wollen oder nicht, sein Versprechen halten musste und ihm seine Tochter und das halbe Königreich übergab. Hätte er gewusst, dass kein Kriegsheld, sondern ein Schneiderlein vor ihm stand, es wäre ihm noch mehr zu Herzen gegangen. Die Hochzeit ward also mit großer Pracht und kleiner Freude gehalten und aus einem Schneider ein König gemacht.

Nach einiger Zeit hörte die junge Königin in der Nacht, wie ihr Gemahl im Traume sprach: »Junge, mach mir den Wams und flick mir die Hose, oder ich will dir die Elle über die Ohren schlagen.« Da merkte sie, in welcher Gasse der junge Herr geboren war, klagte am andern Morgen ihrem Vater ihr Leid und bat, er möchte ihr von dem Manne helfen, der nichts anderes als ein Schneider wäre. Der König sprach ihr Trost zu und sagte: »Lass in der nächsten Nacht deine Schlafkammer offen, meine Diener sollen außen stehen und, wenn er eingeschlafen ist, hineingehen, ihn binden und auf ein Schiff tragen, das ihn in die weite Welt führt.« Die Frau war damit zufrieden, des Königs Waffenträger aber, der alles mit angehört hatte, war dem jungen Herrn gewogen und hinterbrachte ihm den ganzen Anschlag. »Dem Ding will ich einen Riegel vorschieben«, sagte das Schneiderlein. Abends legte es sich zu gewöhnlicher Zeit mit seiner Frau zu Bett; als sie glaubte, er sei eingeschlafen, stand sie auf, öffnete die Türe und legte sich wieder. Das Schneiderlein, das sich nur stellte, als wenn es schlief, fing an mit heller Stimme zu rufen: »Junge, mach mir den Wams und flick mir die Hosen, oder ich will dir die Elle über die Ohren schlagen! Ich habe siebene mit einem Streich getroffen, zwei Riesen getötet, ein Einhorn fortgeführt und ein Wildschwein gefangen und sollte mich vor denen fürchten, die draußen vor der Kammer stehen!« Als diese den Schneider also sprechen hörten, überkam sie eine große Furcht, sie liefen, als wenn das wilde Heer hinter ihnen wäre, und keiner wollte sich mehr an ihn wagen. Also war und blieb das Schneiderlein sein Lebtag ein König.

Daumerlings Wanderschaft

Ein Schneider hatte einen Sohn, der war klein geraten und nicht größer als ein Daumen, darum hieß er auch der Daumerling. Er hatte aber Courage im Leibe und sagte zu seinem Vater: »Vater, ich soll und muss in die Welt hinaus.« – »Recht, mein Sohn«, sprach der Alte, nahm eine lange Stopfnadel und machte am Licht einen Knoten von Siegellack daran. »Da hast du auch einen Degen mit auf den Weg.« Nun wollte das Schneiderlein noch einmal mitessen und hüpfte in die Küche, um zu sehen, was die Frau Mutter zu guter Letzt gekocht hätte. Es war aber eben angerichtet und die Schüssel stand auf dem Herd. Da sprach es: »Frau Mutter, was gibt's heute zu essen?« – »Sieh du selbst zu«, sagte die Mutter. Da sprang Daumerling auf den Herd und guckte in die Schüssel; weil er aber den Hals zu weit hineinstreckte, fasste ihn der Dampf von der Speise und trieb ihn zum Schornstein hinaus. Eine Weile ritt er auf dem Dampf in der Luft herum, bis er endlich wieder auf die Erde herabsank. Nun war das Schneiderlein draußen in der weiten Welt, zog umher, ging auch bei einem Meister in die Arbeit, aber das Essen war ihm nicht gut genug. »Frau Meisterin, wenn Sie uns kein besser Essen gibt«, sagte Daumerling, »so gehe ich fort und schreibe morgen früh mit Kreide an Ihre Haustüre ›Kartoffel zu viel, Fleisch zu wenig, Adies, Herr Kartoffelkönig.‹« – »Was willst du wohl, Grashüpfer?«, sagte die Meisterin, ward bös, ergriff einen Lappen und wollte nach ihm schlagen, mein Schneiderlein kroch behände unter den Fingerhut, guckte unten hervor und streckte der Frau Meisterin die Zunge heraus. Sie hob den Fingerhut auf und wollte ihn packen, aber der kleine Daumerling hüpfte in die Lappen und wie die Meisterin die Lappen auseinanderwarf und ihn suchte, machte er sich in den Tischritz. »He, he, Frau Meisterin«, rief er und steckte den Kopf in die Höhe und wenn sie zuschlagen wollte, sprang er in die Schublade hinunter. Endlich aber erwischte sie ihn doch und jagte ihn zum Haus hinaus.

Das Schneiderlein wanderte und kam in einen großen Wald: Da begegnete ihm ein Haufen Räuber, die hatten vor, des Königs Schatz zu stehlen. Als sie das Schneiderlein sahen, dachten sie: So ein kleiner Kerl kann durch ein Schlüsselloch kriechen und uns als Dietrich dienen. »Heda«, rief einer, »du Riese Goliath, willst du mit zur Schatzkammer gehen? Du kannst dich hineinschleichen und das Geld herauswerfen.« Der Daumerling besann sich, endlich sagte er: »Ja«, und ging mit zu der Schatzkammer. Da besah er die Türe oben und unten, ob kein Ritz darin wäre. Nicht lange, so entdeckte er einen, der breit genug war, um ihn einzulassen. Er wollte auch gleich hindurch, aber eine von den beiden Schildwachen, die vor der Tür standen, bemerkte ihn und sprach zu der andern: »Was kriecht da für eine hässliche Spinne? Ich will sie tottreten.« – »Lass das arme Tier gehen«, sagte die andere, »es hat dir ja nichts getan.« Nun kam der Daumerling durch den Ritz glücklich in die Schatzkammer, öffnete das Fenster, unter welchem die Räuber standen, und warf ihnen einen Taler nach dem andern hinaus. Als das Schneiderlein in der besten Arbeit war, hörte es den König kommen, der seine Schatzkammer besehen wollte, und verkroch sich eilig. Der König merkte, dass viele harte Taler fehlten, konnte aber nicht begreifen, wer sie sollte gestohlen haben, da Schlösser und Riegel in gutem Stand waren und alles wohl verwahrt schien. Da ging er wieder fort und sprach zu den zwei Wachen: »Habt Acht, es ist einer hinter dem Geld.«

Als der Daumerling nun seine Arbeit von neuem anfing, hörten sie das Geld drinnen sich regen und klingen klipp, klapp, klipp, klapp. Sie sprangen geschwind hinein und wollten den Dieb greifen. Aber das Schneiderlein, das sie kommen hörte, war noch geschwinder, sprang in eine Ecke und deckte einen Taler über sich, so dass nichts von ihm zu sehen war, dabei neckte es noch die Wachen und rief: »He, hier bin ich.« – Die Wachen liefen dahin, wie sie aber ankamen, war es schon wieder in eine andere Ecke unter einen Taler gehüpft und rief: »He, hier bin ich.« Die Wachen sprangen eilends herbei, Daumerling war aber längst in einer dritten Ecke und rief: »He, hier bin ich.« Und so hatte es sie zu Narren und trieb sie so lange in der Schatzkammer herum, bis sie müde waren und davongingen.

Nun warf das Schneiderlein die Taler nach und nach alle hinaus: Den letzten schnellte es mit aller Macht, hüpfte dann selber noch behändiglich darauf und flog mit ihm durchs Fenster hinab. Die Räuber machten ihm große Lobsprüche: »Du bist ein gewaltiger Held«, sagten sie. »Willst du unser Hauptmann werden?« Daumerling bedankte sich aber und sagte, er wollte erst die Welt sehen. Sie teilten nun die Beute, das Schneiderlein aber verlangte nur einen Kreuzer, weil es nicht mehr tragen konnte.

Darauf schnallte es seinen Degen wieder um den Leib, sagte den Räubern guten Tag und nahm den Weg zwischen die Beine. Es ging bei einigen Meistern in Arbeit, aber sie wollte ihm nicht schmecken: Endlich verdingte es sich als Hausknecht in einem Gasthof. Die Mägde aber konnten es nicht leiden, denn ohne dass sie es sehen konnten, sah es alles, was sie heimlich taten, und gab bei der Herrschaft an, was sie sich von den Tellern genommen und aus dem Keller für sich weggeholt hatten. Da sprachen sie: »Wart, wir wollen dir's eintränken«, und verabredeten untereinander, ihm einen Schabernack anzutun. Als die eine Magd bald hernach im Garten mähte und den Daumerling da herumspringen und an den Kräutern auf und ab kriechen sah, mähte sie ihn mit dem Gras schnell zusammen, band alles in ein großes Tuch und warf es heimlich den Kühen vor. Nun war eine große schwarze darunter, die schluckte ihn mit hinab, ohne ihm weh zu tun. Unten gefiel's ihm aber schlecht, denn es war da ganz finster und brannte auch kein Licht. Als die Kuh gemolken wurde, da rief er:

>Strip, strap, stroll,
ist der Eimer bald voll?«

87

Doch bei dem Geräusch des Melkens wurde er nicht verstanden. Hernach trat der Hausherr in den Stall und sprach: »Morgen soll die Kuh da geschlachtet werden.« Da ward dem Daumerling angst, dass er mit heller Stimme rief: »Lasst mich erst heraus, ich sitze ja drin.« Der Herr hörte das wohl, wusste aber nicht, wo die Stimme herkam. »Wo bist du?«, fragte er. »In der Schwarzen«, antwortete er, aber der Herr verstand nicht, was das heißen sollte, und ging fort.

Am andern Morgen ward die Kuh geschlachtet. Glücklicherweise traf bei dem Zerhacken und Zerlegen den Daumerling kein Hieb, aber er geriet unter das Wurstfleisch. Wie nun der Metzger herbeitrat und seine Arbeit anfing, schrie er aus Leibeskräften: »Hackt nicht zu tief, hackt nicht zu tief, ich stecke ja drunter.« Vor dem Lärmen der Hackmesser hörte das kein Mensch. Nun hatte der arme Daumerling seine Not, aber die Not macht Beine, und da sprang er so behänd zwischen den Hackmessern durch, dass ihn keins anrührte und er mit heiler Haut davonkam. Aber entspringen konnte er auch nicht; es war keine andere Auskunft, er musste sich mit den Speckbrocken in eine Blutwurst hinunterstopfen lassen. Da war das Quartier etwas enge und dazu ward er noch in den Schornstein zum Räuchern aufgehängt, wo ihm Zeit und Weile gewaltig lang wurde. Endlich im Winter wurde er heruntergeholt, weil die Wurst einem Gast sollte vorgesetzt werden. Als nun die Frau Wirtin die Wurst in Scheiben schnitt, nahm er sich in Acht, dass er den Kopf nicht zu weit vorstreckte, damit ihm nicht etwa der Hals mit abgeschnitten würde, endlich ersah er seinen Vorteil, machte sich Luft und sprang heraus.

In dem Hause aber, wo es ihm so übel ergangen war, wollte das Schneiderlein nicht länger mehr bleiben, sondern begab sich gleich wieder auf die Wanderung.

Doch seine Freiheit dauerte nicht lange. Auf dem offenen Feld kam es einem Fuchs in den Weg, der schnappte es in Gedanken auf. »Ei, Herr Fuchs«, rief's Schneiderlein, »ich bin's ja, der in Eurem Hals steckt, lasst mich wieder frei.« – »Du hast Recht«, antwortete der Fuchs, »an dir habe ich doch so viel als nichts; versprichst du mir die

Hühner in deines Vaters Hof, so will ich dich loslassen.« – »Von Herzen gern«, antwortete der Daumerling. »Die Hühner sollst du alle haben, das gelobe ich dir.« Da ließ ihn der Fuchs wieder los und trug ihn selber heim. Als der Vater sein liebes Söhnchen wiedersah, gab er dem Fuchs gern alle die Hühner, die er hatte. »Dafür bring ich dir auch ein Stück Geld mit«, sprach der Daumerling und reichte ihm den Kreuzer, den er auf seiner Wanderschaft erworben hatte. »Warum hat aber der Fuchs die armen Piephühner zu fressen kriegt?« – »Ei, du Narr, deinem Vater wird ja wohl sein Kind lieber sein als die Hühner auf dem Hof.«

Der faule Heinz

Heinz war faul und obgleich er weiter nichts zu tun hatte, als seine Ziege täglich auf die Weide zu treiben, so seufzte er dennoch, wenn er nach vollbrachtem Tagewerk abends nach Hause kam.

»Es ist in Wahrheit eine schwere Last«, sagte er, »und ein mühseliges Geschäft, so eine Ziege jahraus jahrein bis in den späten Herbst ins Feld zu treiben. Und wenn man sich noch dabei hinlegen und schlafen könnte! Aber nein, da muss man die Augen aufhaben, damit sie die jungen Bäume nicht beschädigt, durch die Hecke in einen Garten dringt oder gar davonläuft. Wie sollte da einer zur Ruhe kommen und seines Lebens froh werden!«

Er setzte sich, sammelte seine Gedanken und überlegte, wie er seine Schultern von dieser Bürde freimachen könnte. Lange war alles Nachsinnen vergeblich, plötzlich fiel's ihm wie Schuppen von den Augen: »Ich weiß, was ich tue«, rief er aus. »Ich heirate die dicke Trine, die hat auch eine Ziege und kann meine mit austreiben, so brauche ich mich nicht länger zu quälen.«

Heinz erhob sich also, setzte seine müden Glieder in Bewegung, ging quer über die Straße, denn weiter war der Weg nicht, wo die

Eltern der dicken Trine wohnten, und hielt um ihre arbeitsame und tugendreiche Tochter an.

Die Eltern besannen sich nicht lange: »Gleich und gleich gesellt sich gern«, meinten sie und willigten ein. Nun ward die dicke Trine Heinzens Frau und trieb die beiden Ziegen aus.

Heinz hatte gute Tage und brauchte sich von keiner andern Arbeit zu erholen als von seiner eigenen Faulheit. Nur dann und wann ging er mit hinaus und sagte: »Es geschieht bloß, damit mir die Ruhe hernach desto besser schmeckt: Man verliert sonst alles Gefühl dafür.«

Aber die dicke Trine war nicht minder faul. »Lieber Heinz«, sprach sie eines Tages, warum sollen wir uns das Leben ohne Not sauer machen und unsere beste Jugendzeit verkümmern? Ist es nicht besser, wir geben die beiden Ziegen, die jeden Morgen einen mit ihrem Meckern im besten Schlaf stören, unserm Nachbarn, und der gibt uns einen Bienenstock dafür? Den Bienenstock stellen wir an einen sonnigen Platz hinter das Haus und bekümmern uns nicht weiter darum. Die Bienen brauchen nicht gehütet und nicht ins Feld getrieben zu werden; sie fliegen aus, finden den Weg nach Haus von selbst wieder und sammeln Honig, ohne dass es uns die geringste Mühe macht.« – »Du hast wie eine verständige Frau gesprochen«, antwortete Heinz. »Deinen Vorschlag wollen wir ohne Zaudern ausführen: Außerdem schmeckt und nährt der Honig besser als die Ziegenmilch und lässt sich auch länger aufbewahren.«

Der Nachbar gab für die beiden Ziegen gerne einen Bienenstock. Die Bienen flogen unermüdlich vom frühen Morgen bis zum späten Abend aus und ein und füllten den Stock mit dem schönsten Honig, so dass Heinz im Herbst einen ganzen Krug voll herausnehmen konnte.

Sie stellten den Krug auf ein Brett, das oben an der Wand in ihrer Schlafkammer befestigt war, und weil sie fürchteten, er könnte ihnen gestohlen werden oder die Mäuse könnten darüber geraten, so holte Trine einen starken Haselstock herbei und legte ihn neben ihr Bett, damit sie ihn, ohne unnötigerweise aufzustehen, mit der Hand erreichen und die ungebetenen Gäste von dem Bette aus verjagen könnte.

Der faule Heinz verließ das Bett nicht gerne vor Mittag: »Wer früh aufsteht«, sprach er, »sein Gut verzehrt.« Eines Morgens, als er so am hellen Tage noch in den Federn lag und von dem langen Schlaf ausruhte, sprach er zu seiner Frau: »Die Weiber lieben die Süßigkeit und du naschest von dem Honig, es ist besser, ehe er von dir allein ausgegessen wird, dass wir dafür eine Gans mit einem jungen Gänslein erhandeln.«

»Aber nicht eher«, erwiderte Trine, »als bis wir ein Kind haben, das sie hütet. Soll ich mich etwa mit den jungen Gänsen plagen und meine Kräfte dabei unnötigerweise zusetzen?« – »Meinst du«, sagte Heinz, »der Junge werde Gänse hüten? Heutzutage gehorchen die Kinder nicht mehr, sie tun nach ihrem eigenen Willen, weil sie sich klüger dünken als die Eltern, gerade wie jener Knecht, der die Kuh suchen sollte und drei Amseln nachjagte.« – »Oh«, antwortete Trine, »dem soll es schlecht bekommen, wenn er nicht tut, was ich sage. Einen Stock will ich nehmen und mit ungezählten Schlägen ihm die Haut gerben. Siehst du, Heinz«, rief sie in ihrem Eifer und fasste den Stock, mit dem sie die Mäuse verjagen wollte, »siehst du, so will ich auf ihn losschlagen.«

Sie holte aus, traf aber unglücklicherweise den Honigkrug über dem Bette. Der Krug sprang wider die Wand und fiel in Scherben herab und der schöne Honig floss auf den Boden.

»Da liegt nun die Gans mit dem jungen Gänslein«, sagte Heinz, »und braucht nicht gehütet zu werden. Aber ein Glück ist es, dass mir der Krug nicht auf den Kopf gefallen ist, wir haben alle Ursache, mit dem Schicksal zufrieden zu sein.«

Und da er in einer Scherbe noch etwas Honig bemerkte, so langte er danach und sprach ganz vergnügt: »Das Restchen, Frau, wollen wir uns noch schmecken lassen und dann nach dem gehabten Schrecken ein wenig ausruhen, was tut's, wenn wir etwas später als gewöhnlich aufstehen, der Tag ist doch noch lang genug.«

»Ja«, antwortete Trine, »man kommt immer noch zu rechter Zeit. Weißt du, die Schnecke war einmal zur Hochzeit eingeladen, machte sich auf den Weg, kam aber zur Kindtaufe an. Vor dem Haus stürzte sie noch über den Zaun und sagte: ›Eilen tut nicht gut.‹«

Hans im Glück

Hans hatte sieben Jahre bei seinem Herrn gedient, da sprach er zu ihm: »Herr, meine Zeit ist herum, nun wollte ich gerne wieder heim zu meiner Mutter, gebt mir meinen Lohn.« Der Herr antwortete: »Du hast mir treu und ehrlich gedient; wie der Dienst war, so soll der Lohn sein«, und gab ihm ein Stück Gold, das so groß wie Hansens Kopf war. Hans zog sein Tüchlein aus der Tasche, wickelte den Klumpen hinein, setzte ihn auf die Schulter und machte sich auf den Weg nach Haus. Wie er nun so dahinging und immer ein Bein vor das andere setzte, kam ihm ein Reiter in die Augen, der frisch und fröhlich auf einem muntern Pferd vorbeitrabte. »Ach«, sprach Hans ganz laut, »was ist das Reiten ein schönes Ding! Da sitzt einer wie auf einem Stuhl, stößt sich an keinem Stein, spart die Schuh und kommt fort, er weiß nicht wie.« Der Reiter, der das gehört hatte, hielt an und rief: »Ei, Hans, warum läufst du auch zu Fuß?« – »Ich muss ja wohl«, antwortete er. »Da habe ich einen Klumpen heimzutragen: Es ist zwar Gold, aber ich kann den Kopf dabei nicht gerad halten, auch drückt mir's auf die Schulter.« – »Weißt du was«, sagte der Reiter, »wir wollen tauschen: Ich gebe dir mein Pferd und du gibst mir den Klumpen.« – »Von Herzen gern«, sprach Hans, »aber ich sage Euch, Ihr müsst Euch damit schleppen.« Der Reiter stieg ab, nahm das Gold und half dem Hans hinauf, gab ihm die Zügel in die Hände und sprach: »Wenn's nun recht geschwind soll gehen, so musst du mit der Zunge schnalzen und ›hopp-hopp‹ rufen.«

Hans war seelenfroh, als er auf dem Pferde saß und so frank und frei dahinritt. Über ein Weilchen fiel's ihm ein, es sollte noch schneller gehen, und fing an, mit der Zunge zu schnalzen und ›hopp-hopp‹ zu rufen. Das Pferd setzte sich in starken Trab und ehe sich's Hans versah, war er abgeworfen und lag in einem Graben, der die Äcker von der Landstraße trennte. Das Pferd wäre durchgegangen, wenn es nicht ein Bauer aufgehalten hätte, der des Weges kam und eine Kuh vor sich her trieb. Hans suchte seine Glieder zusammen und machte sich wieder auf die Beine. Er war aber verdrießlich und sprach zu dem Bauern: »Es ist ein schlechter Spaß, das Reiten zumal, wenn man auf so eine Mähre gerät wie diese, die stößt und einen herabwirft, dass man den Hals brechen kann; ich setze mich nun und nimmermehr wieder auf. Da lob ich mir Eure Kuh, da kann man mit einer Gemächlichkeit hinterhergehen und hat obendrein seine Milch, Butter und Käse jeden Tag gewiss. Was gäbe ich darum, wenn ich so eine Kuh hätte!« – »Nun«, sprach der Bauer, »geschieht Euch so ein großer Gefallen, so will ich Euch wohl die Kuh für das Pferd vertauschen.« Hans willigte mit tausend Freuden ein; der Bauer schwang sich aufs Pferd und ritt eilig davon.

Hans trieb seine Kuh ruhig vor sich her und bedachte den glücklichen Handel. »Hab ich nur ein Stück Brot und daran wird mir's doch nicht fehlen, so kann ich, sooft mir's beliebt, Butter und Käse dazu essen; hab ich Durst, so melk ich meine Kuh und trinke Milch. Herz, was verlangst du mehr?« Als er zu einem Wirtshaus kam, machte er Halt, aß in der großen Freude alles, was er bei sich hatte, sein Mittags- und Abendbrot, rein auf und ließ sich für seine letzten paar Heller ein halbes Glas Bier einschenken. Dann trieb er seine Kuh weiter, immer nach dem Dorfe seiner Mutter zu. Die Hitze ward drückender, je näher der Mittag kam, und Hans befand sich in einer Heide, die wohl eine Stunde dauerte. Da ward es ihm ganz heiß, so dass ihm vor Durst die Zunge am Gaumen klebte. Dem Ding ist zu helfen, dachte Hans, jetzt will ich meine Kuh melken und mich an der Milch laben. Er band sie an einen dürren Baum und da er keinen Eimer hatte, so stellte er seine Ledermütze unter, aber wie er sich auch bemühte, es kam kein Tropfen Milch zum Vorschein. Und weil er sich ungeschickt dabei anstellte, so gab ihm das ungeduldige Tier endlich mit einem seiner Hinterfüße einen solchen Schlag vor den Kopf, dass er zu Boden taumelte und eine Zeit lang sich gar nicht besinnen konnte, wo er war. Glücklicherweise kam gerade ein Metzger des Weges, der auf einem Schubkarren ein junges Schwein liegen hatte. »Was sind das für Streiche!«, rief er und half dem guten Hans auf. Hans erzählte ihm, was vorgefallen war. Der Metzger reichte ihm seine Flasche und sprach: »Da trinkt einmal und erholt Euch. Die Kuh will wohl keine Milch geben, das ist ein altes Tier, das höchstens noch zum Ziehen taugt oder zum Schlachten.« – »Ei, ei«, sprach Hans und strich sich die Haare über den Kopf, »wer hätte das gedacht! Es ist freilich gut, wenn man so ein Tier im Haus abschlachten kann, was gibt's für Fleisch! Aber ich mache mir aus dem Kuhfleisch nicht viel, es ist mir nicht saftig genug. Ja, wer so ein junges Schwein hätte! Das schmeckt anders, dabei noch die Würste.« – »Hört, Hans«, sprach da der Metzger, »Euch zuliebe will ich tauschen und will Euch das Schwein für die Kuh lassen.« – »Gott lohn Euch Eure Freundschaft«, sprach Hans, übergab ihm die Kuh, ließ sich das Schweinchen vom Karren losmachen und den Strick, woran es gebunden war, in die Hand geben.

Hans zog weiter und überdachte, wie ihm doch alles nach Wunsch ginge: Begegnete ihm ja eine Verdrießlichkeit, so würde sie doch gleich wieder gutgemacht. Es gesellte sich danach ein Bursch zu ihm, der trug eine schöne weiße Gans unter dem Arm. Sie boten einander die Zeit und Hans fing an, von seinem Glück zu erzählen und wie er immer so vorteilhaft getauscht hätte. Der Bursch erzählte ihm, dass er die Gans zu einem Kindtaufschmaus brächte. »Hebt einmal«, fuhr er fort und packte sie bei den Flügeln, »wie schwer sie ist, die ist aber auch über acht Wochen lang genudelt worden. Wer in den Braten beißt, muss sich das Fett von beiden Seiten abwischen.« – »Ja«, sprach Hans und wog sie mit der einen Hand, »die hat ihr Gewicht, aber mein Schwein ist auch keine Sau.« Indessen sah sich der Bursch nach allen Seiten ganz bedenklich um, schüttelte auch wohl den Kopf. »Hört«, fing er darauf an, »mit Eurem Schweine mag's nicht ganz richtig sein. In dem Dorfe, durch das ich gekommen bin, ist eben dem Schulzen eins aus dem Stall gestohlen worden. Ich fürchte, ich fürchte, Ihr habt's da in der Hand. Sie haben Leute ausgeschickt und es wäre ein schlimmer Handel, wenn sie Euch mit dem Schwein erwischten: Das Geringste ist, dass Ihr ins finstere Loch gesteckt werdet.« Dem guten Hans ward bang. »Ach Gott«, sprach er, »helft mir aus der Not, Ihr wisst hier herum bessern Bescheid, nehmt mein Schwein da und lasst mir Eure Gans.« – »Ich muss schon etwas aufs Spiel setzen«, antwortete der Bursche, »aber ich will doch nicht schuld sein, dass Ihr ins Unglück geratet.« Er nahm also das Seil in die Hand und trieb das Schwein schnell auf einem Seitenweg fort. Der gute Hans aber ging, seiner Sorgen entledigt, mit der Gans unter dem Arme der Heimat zu. »Wenn ich's recht überlege«, sprach er mit sich selbst, »habe ich noch einen Vorteil bei dem Tausch: erstlich den guten Braten, hernach die Menge von Fett, die herausträufeln wird, das gibt Gänsefettbrot auf ein Vierteljahr: Und endlich die schönen weißen Federn, die lass ich mir in mein Kopfkissen stopfen und darauf will ich wohl ungewiegt einschlafen. Was wird meine Mutter eine Freude haben!«

Als er durch das letzte Dorf gekommen war, stand da ein Scherenschleifer mit seinem Karren, sein Rad schnurrte und er sang dazu:

»Ich schleife die Schere und drehe geschwind
und hänge mein Mäntelchen nach dem Wind.«

Hans blieb stehen und sah ihm zu; endlich redete er ihn an und sprach: »Euch geht's wohl, weil Ihr so lustig bei Eurem Schleifen seid.«

»Ja«, antwortete der Scherenschleifer, »das Handwerk hat einen güldenen Boden. Ein rechter Schleifer ist ein Mann, der, sooft er in die Tasche greift, auch Geld darin findet. Aber wo habt Ihr die schöne Gans gekauft?« – »Die hab ich nicht gekauft, sondern für mein Schwein eingetauscht.« – »Und das Schwein?« – »Das hab ich für meine Kuh gekriegt.« – »Und die Kuh?« – »Die hab ich für ein Pferd bekommen.« – »Und das Pferd?« – »Dafür hab ich einen Klumpen Gold, so groß als mein Kopf, gegeben.« – »Und das Gold?« – »Ei, das war mein Lohn für sieben Jahre Dienst.« – »Ihr habt Euch jederzeit zu helfen gewusst«, sprach der Schleifer, »könntet Ihr's nun dahin bringen, dass Ihr das Geld in der Tasche springen hört, wenn Ihr aufsteht, so habt Ihr Euer Glück gemacht.« – »Wie soll ich das anfangen?«, sprach Hans. »Ihr müsst ein Schleifer werden wie ich; dazu gehört eigentlich nichts als ein Wetzstein, das andere findet sich schon von selbst. Da hab ich einen, der ist zwar ein wenig schadhaft, dafür sollt Ihr mir aber auch weiter nichts als Eure Gans geben; wollt Ihr das?« – »Wie könnt Ihr noch fragen?«, antwortete Hans, »ich werde ja zum glücklichsten Menschen auf Erden: Habe ich Geld, sooft ich in die Tasche greife, was brauche ich da länger zu sorgen?«, reichte ihm die Gans hin und nahm den Wetzstein in Empfang. »Nun«, sprach der Schleifer und hob einen gewöhnlichen schweren Feldstein, der neben ihm lag, auf, »da habt Ihr noch einen tüchtigen Stein dazu, auf dem sich's gut schlagen lässt und Ihr Eure alten Nägel geradeklopfen könnt. Nehmt ihn und hebt ihn ordentlich auf.«

Hans lud den Stein auf und ging mit vergnügtem Herzen weiter; seine Augen leuchteten vor Freude. »Ich muss in einer Glückshaut geboren sein«, rief er aus. »Alles, was ich wünsche, trifft mir ein wie einem Sonntagskind.«

Indessen, weil er seit Tagesanbruch auf den Beinen gewesen war, begann er müde zu werden; auch plagte ihn der Hunger, da er allen Vorrat auf einmal in der Freude über die erhandelte Kuh aufgezehrt hatte. Er konnte endlich nur mit Mühe weitergehen und musste jeden Augenblick Halt machen; dabei drückten ihn die Steine ganz erbärmlich. Da konnte er sich des Gedankens nicht erwehren, wie gut es wäre, wenn er sie gerade jetzt nicht zu tragen brauchte.

Wie eine Schnecke kam er zu einem Feldbrunnen geschlichen, wollte da ruhen und sich mit einem frischen Trunk laben; damit er aber die Steine im Niedersitzen nicht beschädigte, legte er sie bedächtig neben sich auf den Rand des Brunnens. Darauf setzte er sich nieder und wollte sich zum Trinken bücken, da versah er's, stieß ein klein wenig an und beide Steine plumpsten hinab. Hans, als er sie mit seinen Augen in die Tiefe hatte versinken sehen, sprang vor Freuden auf, kniete dann nieder und dankte Gott mit Tränen in den Augen, dass er ihm auch diese Gnade noch erwiesen und ihn auf eine so gute Art und ohne dass er sich einen Vorwurf zu machen brauchte, von den schweren Steinen befreit hätte, die ihm allein noch hinderlich gewesen wären. »So glücklich wie ich«, rief er aus, »gibt es keinen Menschen unter der Sonne.« Mit leichtem Herzen und frei von aller Last sprang er nun fort, bis er daheim bei seiner Mutter war.

Der Schneider im Himmel

Es trug sich zu, dass der liebe Gott an einem schönen Tag in dem himmlischen Garten sich ergehen wollte und alle Apostel und Heiligen mitnahm, also dass niemand mehr im Himmel blieb als der heilige Petrus. Der Herr hatte ihm befohlen, während seiner Abwesenheit niemand einzulassen. Petrus stand also an der Pforte und hielt Wache.

Nicht lange, so klopfte jemand an. Petrus fragte, wer da wäre und was er wollte. »Ich bin ein armer ehrlicher Schneider«, antwortete eine feine Stimme, »der um Einlass bittet.« – »Ja, ehrlich«, sagte Petrus, »wie der Dieb am Galgen, du hast lange Finger gemacht und den Leuten das Tuch abgezwickt. Du kommst nicht in den Himmel, der Herr hat mir verboten, so lange er draußen wäre, irgendjemand einzulassen.« – »Seid doch barmherzig«, rief der Schneider, »kleine Flicklappen, die von selbst vom Tisch herabfallen, sind nicht gestohlen und nicht der Rede wert. Seht, ich hinke und habe von dem Weg daher Blasen an den Füßen, ich kann unmöglich wieder umkehren. Lasst mich nur hinein, ich will alle schlechte Arbeit tun. Ich will die Kinder tragen, die Windeln waschen, die Bänke, darauf sie gespielt haben, säubern und abwischen und ihre zerrissenen Kleider flicken.«

Der heilige Petrus ließ sich aus Mitleid bewegen und öffnete dem lahmen Schneider die Himmelspforte so weit, dass er mit seinem dürren Leib hineinschlüpfen konnte. Er musste sich in einen Winkel hinter die Türe setzen und sollte sich da still und ruhig verhalten, damit ihn der Herr, wenn er zurückkäme, nicht bemerkte und zornig würde.

Der Schneider gehorchte, als aber einmal der heilige Petrus zur Tür hinaustrat, stand er auf und ging voll Neugierde in allen Winkeln des Himmels herum und besah sich die Gelegenheit. Endlich kam er zu einem Platz, da standen viele schöne und köstliche Stühle und in der Mitte ein ganz goldener Sessel, der mit glänzenden Edelsteinen besetzt war; er war auch viel höher als die übrigen Stühle und ein goldener Fußschemel stand davor. Es war aber der Sessel, auf welchem der Herr saß, wenn er daheim war, und von welchem er alles sehen konnte, was auf Erden geschah. Der Schneider stand still und sah den Sessel eine gute Weile an, denn er gefiel ihm besser als alles andere. Endlich konnte er den Vorwitz nicht bezähmen, stieg hinauf und setzte sich in den Sessel. Da sah er alles, was auf Erden geschah, und bemerkte eine alte hässliche Frau, die an einem Bach stand und wusch und zwei Schleier heimlich beiseite tat. Der Schneider erzürnte sich bei diesem Anblicke so sehr, dass er den goldenen Fußschemel ergriff und durch den Himmel auf die Erde hinab nach der alten Diebin warf. Da er aber den Schemel nicht wieder heraufholen konnte, so schlich er sich sachte aus dem Sessel weg, setzte sich wieder an seinen Platz hinter der Türe und tat, als ob er kein Wasser getrübt hätte.

Als der Herr und Meister mit dem himmlischen Gefolge wieder zurückkam, ward er zwar den Schneider hinter der Türe nicht gewahr, als er sich aber auf seinen Sessel setzte, mangelte der Schemel. Er fragte den heiligen Petrus, wo der Schemel hingekommen wäre. Der wusste es nicht. Da fragte er weiter, ob er jemand hereingelassen hätte. »Ich weiß niemand«, antwortete Petrus, »der dagewesen wäre, als ein lahmer Schneider, der noch hinter der Türe sitzt.« Da ließ der Herr den Schneider vor sich treten und fragte ihn, ob er den Schemel weggenommen und wo er ihn hingetan hätte. »O Herr«, antwortete der Schneider freudig, »ich habe ihn im Zorne hinab auf die Erde nach dem alten Weibe geworfen, das ich bei der Wäsche zwei Schleier stehlen sah.« – »O du Schalk«, sprach der Herr, »wollt ich richten, wie du richtest, wie meinst du, dass es mir schon längst ergangen wäre? Ich hätte schon lange keine Stühle, Bänke, Sessel, ja keine Ofengabel mehr hier gehabt, sondern alles nach den Sündern hinabgeworfen. Fortan kannst du nicht mehr im Himmel bleiben, sondern musst wieder hinaus vor das Tor, da sieh zu, wo du hinkommst. Hier soll niemand strafen denn ich allein, der Herr.« Petrus musste den Schneider wieder hinaus vor den Himmel bringen und weil er zerrissene Schuhe hatte und die Füße voll Blasen, nahm er einen Stock in die Hand und zog nach Warteinweil, wo die frommen Soldaten sitzen und sich lustig machen.

5. Von Teufeln, Riesen und Zwergen

Die drei Fragen des Teufels

Es war einmal ein armer Tagelöhner, der hatte viele Kinder und wenig Brot für sie. Einmal, als die Not zu bitter über ihn kam, ging er in den Wald hinaus und setzte sich auf einen Wurzelstock und weinte heiße Tränen. Da trat ein Mann zu ihm heran und fragte ihn, was ihm fehle; und wie er hörte, dass er nichts zu essen habe für seine hungrigen Kinder, erbot er sich, ihm zu geben, dass er genug daran habe für sich und Weib und Kind, wenn er ihm eins seiner Mädchen überlassen wolle: Sie solle es gut bei ihm haben. Der arme Vater war des Handels froh und zeichnete seinen Namen in das dargebotene Buch. Mit einem großen Sack voll Geld ging er heim und die Not hatte ein Ende. Zu dem Mädchen aber sprach er: »Geh mit mir in den Wald.« Sie gingen, und als sie zu dem Wurzelstocke gekommen waren, auf dem er am Tage zuvor gesessen hatte, hieß er seine Tochter dort niedersitzen und warten, bis ein Herr komme, der sie mitnehmen werde: Sie solle es gut bei ihm haben. So blieb das Mädchen sitzen und wartete. Da kam eine schöne, große, milde Frau in blauem Mantel – es war Unsere Liebe Frau – und sagte zu ihm: »Kind, es wird jemand kommen und dich mitnehmen wollen; erst aber wird er drei Fragen an dich stellen. Die Antworten darauf will ich dir sagen. Du könntest es nicht wissen. Zum Ersten wird er dich fragen: ›Was ist süßer als Zucker?‹ Darauf antworte: ›Die Liebe meiner Mutter.‹ Die zweite Frage: ›Was ist weicher als Federflaum?‹ Darauf sage ihm: ›Der Schoß meiner Mutter, auf dem ich gesessen.‹ Das dritte Mal sollst du ihm Bescheid geben, was härter sei als Stahl und Eisen? Die Antwort ist: ›Das Herz meines Vaters, der mich dem bösen Feind verkaufen will.‹«

Damit verschwand Unsere Liebe Frau und gleich darauf erschien der fremde Herr und tat die drei Fragen an das Kind und erhielt von ihm die Antworten, wie es sie gelernt hatte. »Das hat dir die blaue Frau geraten, dass du mir so antwortest!«, schrie der Herr. »Sonst wärest du mein Eigen gewesen«. Und alsbald war er verschwunden.

103

Der Schmied und der Teufel

Einmal ging unser Herr mit St. Peter auf Reisen, da verlor der Esel, auf dem der Herr ritt, ein Hufeisen. Als sie es merkten, waren sie gerade vor einer Schmiede. Der Meister sah es und rief: »Kommt herein und setzt euch, ihr sollt gleich bedient sein.« Der Herr und St. Peter traten in die Schmiede und da beschlug der Schmied den Esel mit silbernen Hufeisen, denn er verdiente viel Geld und war ein guter, lustiger Kerl, der gern mal recht nobel war. Und als die beiden fragten, was es kostete, sagte er: »Nichts!«, denn er meinte, es wären zwei arme Schlucker. Unser Herrgott wusste es wohl, dass der Schmied dies dachte. Und ehe sie weiterzogen, sprach er: »Weil Ihr so gut seid, dürft Ihr auch drei Wünsche tun.« – »Schön«, sagte der Schmied und fing an nachzudenken. – »Wähl dir den Himmel!«, flüsterte ihm St. Peter zu. – »Zuerst«, fing der Schmied an, »ich hab da hinterm Ofen einen Lehnstuhl, in den setzen sich immer die Bauern, wenn sie sich etwas machen lassen, und sind nicht wieder herauszukriegen; ich wünsche mir also, dass jeder, der sich hineinsetzt, nicht wieder aufstehen darf, bevor ich es will. Zweitens ...« – »Wähl dir doch den Himmel!«, sprach Petrus lauter zu ihm und zupfte ihn am Ärmel – »... wünsche ich mir, dass die Bengels, die da immer auf meinen großen Apfelbaum steigen, alle darauf festsitzen und nicht wieder herunter dürfen, bevor ich es will. Und drittens ...« – »Wähl dir doch den Himmel, Dummkopf!«, rief Petrus ganz ärgerlich. »Ach, da bin ich nicht bange drum, der kann mir nicht entgehen. Drittens wünsch ich mir, dass alles, was in meine Ledertasche hineinkommt, nicht wieder hinauskann, bevor ich es will.« Da sprach der Herr: »Es soll alles so geschehen, wie Ihr es wünscht«, und zog weiter mit St. Peter, der dem Schmied ein bitterböses Gesicht machte.

Der Schmied aber lebte weiter lustig in den Tag hinein und meinte, es sollte immer so fortgehen, aber eines Tages hatte er sein letztes Geld vertan und sein letztes Eisen verschmiedet, saß ärgerlich in seiner Werkstatt und dachte, hättest du dir doch Geld gewünscht statt der drei Schnurrpfeifereien, die dir bis jetzt noch gar nichts genützt haben! Das merkte aber auch der Teufel, denn der spioniert alles aus, und dachte, da sei was zu holen. Und wie noch der Schmied saß und spintisierte, hörte er draußen Pferdegetrappel; er trat in die Tür und sah einen vornehmen Herrn auf die Schmiede zugeritten kommen. Der Fremde hielt vor der Tür und fragte, ob der Schmied ihm sein Pferd beschlagen wolle. »Gern«, sagte der Schmied, »wenn Ihr nur warten wollt, bis ich mir im nächsten Dorf Kohlen und Eisen geborgt habe.« – »Wenn dir weiter nichts fehlt«, sprach der Reiter, »da will ich dir bald geholfen haben; unterschreib nur dieses Blatt mit deinem Blut!« Auf dem Pergament aber stand, dass der Schmied nach zehn Jahren dem Teufel gehören sollte, wenn ihn der mit Kohle und Eisen versorgte. Zehn Jahre ist lang, dachte der Schmied und sprach: »Gib her, lieber die Seele dem Teufel verschreiben als noch länger so dasitzen und nichts tun und Hunger leiden!« Ging in die Schmiede, schlug mit dem Knöchel gegen den Amboss, dass ihm das rote Blut heraussprang, und unterschrieb das Pergament. Und als er wieder hinauskam, lag so viel Eisen und Kohle auf dem Hof, dass er gar nicht wusste, wohin damit. Nun beschlug er das Pferd und der Herr ritt fort. Der Schmied aber arbeitete nun wieder lustig drauflos, bekam bald große Kundschaft und hatte ein gutes Leben und kümmerte sich den Teufel was um den Teufel. Aber die zehn Jahre gingen rasch herum und pünktlich kam der feine Herr, um den Schmied zu holen. »Ihr seid sicher müde, setzt Euch ein bisschen hintern Ofen in den Lehnstuhl, geduldet Euch nur noch so lange, bis ich gegessen habe. Es schmeckt mir wohl so bald nicht wieder.« Der feine Herr grinste und der Schmied grinste auch. Der Herr ließ sich gemütlich in den Großvaterstuhl nieder und der Schmied aß gemütlich weiter und als er fertig war, sagte er: »So, nun kann die Reise losgehen.« Der Teufel wollte auf ihn los, kam aber nicht auf und brüllte einen Fluch, so lang wie der Jakobstag. Der Schmied aber hatte unterdessen eine Eisenstange geholt und zählte ihm was auf, bis der Teufel schrie: »Hör auf, lass mich los, ich will dir noch zehn Jahre geben!« – »Das lässt sich hören, nun mach, dass du fortkommst!«, sprach der Schmied und fort war der Teufel. Nun fing der Schmied das alte herrliche Leben von neuem an, aber die zehn Jahre gingen wieder rasch herum; diesmal schickte der Oberteufel seinen ältesten Gesellen. »Ich bin gleich fertig«, sagte der Schmied, »aber ein paar Äpfel sollten wir uns doch mitnehmen, sie sind grade so schön reif, so was gibt's in der Hölle nicht, da könnten wir sie so gut braten. Du kannst gewiss gut klettern; bring vier, wenn du nicht gern drei bringst.« Der Teufel war flink hinauf wie eine Katze, aber mit dem Herunterkommen hatt's lange Zeit. »Kommst du noch nicht bald wieder?«, spottete der Schmied. »Ich kann ja nicht!«, brüllte der Teufel; der Schmied aber setzte eine Leiter an und bearbeitete den Teufel so lange, bis der schrie: »Hör auf, ich will dir noch zehn Jahre geben!« – »So, nun mach, dass du fortkommst!«, rief der Schmied und fort war des Teufels Altgeselle.

Aber diese zehn Jahre waren auch wieder schnell vergangen und nun kam der Oberteufel in eigener Person, um den Schmied zu holen. »Meinetwegen«, sagte der Schmied, »aber es ist mir doch etwas genierlich, wenn nachher alle Leute im Dorfe sagen, der Teufel hat den Schmied geholt. Ich habe gehört, du könntest dich so groß und so klein machen, wie du wolltest. Wenn das wahr wäre, könnte ich dich ja in meinen Ranzen nehmen und dich ein Stück tragen, bis wir zum Ort hinaus sind. Aber ich glaube nicht, dass ihr solche Kunststücke versteht. Bis jetzt hast du mir nur so dumme Teufel geschickt.« Der Teufel traute wohl dem Schmied nicht recht, aber er konnte sich nicht denken, dass ein Betrug dahintersteckte, und außerdem war er rein besessen, sehen zu lassen, was er konnte. Er machte sich also ganz klein und fuhr in die Schmiedetasche hinein und der Schmied schnallte sie bedächtig zu. Dann ging er damit in die Schmiede, legte sie auf den Amboss, rief seine Gesellen und hämmerte mit ihnen darauf los, dass der Teufel schrie, als ob die Erde berste, und ganz jämmerlich um Gnade winselte. »Erst gib meine Unterschrift wieder heraus!« – »Ja, ja!«, schrie der Teufel. Da machte der Schmied die Tasche ein bisschen auf und der Böse reckte die Verschreibung heraus. Der Schmied nahm sie. »So, nun mach, dass du fortkommst«, rief er und fort war der Oberteufel.

»Gott sei Dank, den bin ich los!«, sprach der Schmied. Nun lebte er noch einige Jahre friedlich und gemächlich. Dann spürte er, dass sein letztes Stündlein kam, hängte sich seine Ledertasche um, setzte sich in seinen Lehnstuhl und starb mit unbeschwertem Gewissen. Dann kam er zum Himmel und klopfte ruhig an die Tür. Aber als St. Peter den Mann sah, der nicht auf seinen Rat hatte hören wollen, sagte er barsch: »Dickkopf, du kommst hier nicht herein! Warum hast du dir damals nicht den Himmel gewünscht!«, und schlug die Tür vor ihm zu. »Dann bleibt mir nichts übrig, als nach der Hölle zu gehen«, sagte der Schmied. Als er ankam und anklopfte, guckte der Teufel, der gerade an dem Tage das Pförtneramt hatte, erst durch den Türspalt, und das war eben einer von denen, die der Schmied so jämmerlich verprügelt hatte; als der den schrecklichen Schmied sah, war er so entsetzt, dass er fast in Ohnmacht fiel und kaum noch den andern zurufen konnte, sie sollten ihm helfen, festzumachen, der Schmied wär vor der Tür. Da rief der Oberteufel: »Der mit der Ledertasche? Lasst ihn ja nicht herein!« Und die andern wussten vor Schrecken gar nicht, wo sie den Riegel von der Höllentür hingetan hatten; da steckte rasch einer seine lange Nase statt des Riegels vor, dass er nur nicht hineinkäme. Der Schmied wartete und klopfte lange und rüttelte, aber die Höllenpforte blieb ihm verschlossen und er musste zuletzt wieder nach dem Himmel zurückwandern. Er klopfte zum zweiten Mal und St. Peter schnaubte ihn zum zweiten Mal und noch barscher an, für ihn wäre hier kein Platz. Da bat ihn der Schmied, dann möchte er ihn doch nur mal durch die Spalte sehen lassen, wie schön es im Himmel wär. Der Apostel mochte ihm das nicht abschlagen und tat die Tür ein wenig auf, da steckte der Schmied seinen Arm durch. »Au, au!«, schrie er, »mach doch etwas weiter auf, dass ich meinen Arm zurückziehen kann!« St. Peter tat es, da steckte der Schmied flugs auch seinen Kopf durch. »Unverschämte Seele!«, rief der Pförtner, »zieh deinen Kopf zurück!« – »Ich kann nicht, du quetschst mich ja – um Gottes willen, mach noch etwas weiter auf!« St. Peter musste die Tür noch etwas mehr öffnen. Im Nu sprang der Schmied in den Vorhof der seligen Wohnungen, warf seine Ledertasche hin und setzte sich drauf. »Heraus mit dir, du frecher Patron«, rief St. Peter. »Ich sitze auf dem Meinen«, antwortete der Schmied ganz ruhig. Rot vor Zorn eilte St. Peter zu seinem Herrn und Meister und erzählte es ihm. Und unser Herr stieg nieder von seinem Sitz, um die böse Seele zu sehen und hinauszutreiben. Als er aber den Schmied erkannte, der ihm einst so nobel den Esel beschlagen hatte, lachte er und sprach zu dem Apostel: »Lass ihn sitzen, er sitzt gut.«

Stompe Pilt

Ein nordisches Märchen

Ein Stück vom Baalsberg bei Filkestad im Willandshärad liegt ein Hügel, in dem früher ein Riese wohnte, der hieß Stompe Pilt. Eines Tages traf es sich, dass ein Geißhirte mit seiner Herde auf den Hügel kam, wo Stompe Pilt hauste.

»Wer ist da?«, schrie der Riese und fuhr aus dem Hügel heraus mit einem Flintstein in der Faust. »Ich, wenn du es wissen willst!«, rief der Hirte und trieb seine Geißen den Hügel hinauf. »Wenn du herkommst, zerdrücke ich dich, wie ich hier den Stein zerdrücke!«, schrie der Riese und zermalmte ihn zwischen den Fingern, dass es nur noch feiner Sand war. »Und ich zerquetsche dich, dass das Wasser herausläuft, wie hier diesen Stein!«, schrie der Hirte und zog einen frischen Käse aus der Tasche und drückte ihn aus, dass ihm das Wasser die Finger entlanglief. »Hast du keine Angst?«, sagte der Riese. »Vor dir gewiss nicht!«, gab der Bursche zur Antwort. »Dann wollen wir miteinander kämpfen!«, schlug der Riese vor. »Meinetwegen«, sagte der Hirte, »aber zuerst wollen wir einander schelten, dass wir richtig in Zorn kommen, denn im Schimpfen kommt der Zorn und im Zorn kommt's dann zum Kampf.« – »Aber ich will mit dem Schimpfen anfangen«, sagte der Riese. »Meinetwegen«, sagte der Bursche, »aber dann komme ich an die Reihe.« – »Einen krummnäsigen Troll sollst du bekommen!«, schrie der Riese. »Und du einen fliegenden Teufel«, sagte der Hirte und schoss mit seinem Bogen dem Riesen einen scharfen Pfeil in den Leib. »Was war das?«, fragte der Riese und suchte den Pfeil aus seinem Fleisch herauszureißen. »Das war ein Schimpfwort!«, sagte der Hirte. »Warum hat es Federn?«, fragte der Riese. »Damit es besser fliegen kann«, antwortete der Hirte. »Und warum sitzt es fest?«, fragte der Riese weiter. »Weil es in deinem Körper Wurzeln geschlagen hat«, gab der Hirte zur Antwort. »Hast du noch mehr solche Schimpfwörter?«, fragte der Riese. »Da hast du noch eines«, rief der Bursche und schoss einen neuen Pfeil auf den Riesen. »Au, au«, schrie Stompe Pilt, »bist du noch nicht so weit im Zorn, dass wir uns prügeln können?« – »Nein, ich habe dir noch nicht genug Schimpfwörter gegeben«, antwortete der Hirte und legte einen neuen Pfeil auf. »Führ deine Geißen, wohin du willst! Ich komme schon gegen deine Schimpfworte nicht auf, noch viel weniger gegen deine Hiebe«, schrie Stompe Pilt und sprang in den Hügel hinein.

Auf diese Art blieb der Hirte Sieger, weil er sich von dem einfältigen Riesen nicht Bange machen ließ.

Die Wichtelmänner

Es war ein Schuster ohne seine Schuld so arm geworden, dass ihm endlich nichts mehr übrig blieb als Leder zu einem einzigen Paar Schuhe. Nun schnitt er am Abend die Schuhe zu, die wollte er den nächsten Morgen in Arbeit nehmen; und weil er ein gutes Gewissen hatte, so legte er sich ruhig zu Bett, befahl sich dem lieben Gott und schlief ein. Morgens, nachdem er sein Gebet verrichtet hatte und sich zur Arbeit niedersetzen wollte, so standen die beiden Schuhe ganz fertig auf seinem Tisch. Er verwunderte sich und wusste nicht, was er dazu sagen

sollte. Er nahm die Schuhe in die Hand, um sie näher zu betrachten: Sie waren so sauber gearbeitet, dass kein Stich daran falsch war, gerade als wenn es ein Meisterstück sein sollte. Bald darauf trat auch schon ein Käufer ein, und weil ihm die Schuhe so gut gefielen, so bezahlte er mehr als gewöhnlich dafür, und der Schuster konnte von dem Geld Leder zu zwei Paar Schuhen erhandeln. Er schnitt sie abends zu und wollte den nächsten Morgen mit frischem Mut an die Arbeit gehen, aber er brauchte es nicht, denn als er aufstand, waren sie schon fertig, und es blieben auch nicht die Käufer aus, die ihm so viel Geld gaben, dass er Leder zu vier Paar Schuhen einkaufen konnte. Er fand frühmorgens auch die vier Paar fertig. Und so ging's immer fort: Was er abends zuschnitt, das war am Morgen verarbeitet, also dass er bald wieder sein ehrliches Auskommen hatte und endlich ein wohlhabender Mann ward.

Nun geschah es eines Abends nicht lange vor Weihnachten, als der Mann wieder zugeschnitten hatte, dass er vor dem Schlafengehen zu seiner Frau sprach: »Wie wär's, wenn wir diese Nacht aufblieben, um zu sehen, wer uns solche hilfreiche Hand leistet?« Die Frau war's zufrieden und steckte ein Licht an. Darauf verbargen sie sich in den Stubenecken, hinter den Kleidern, die da aufgehängt waren, und gaben Acht.

Als es Mitternacht war, da kamen zwei kleine, niedliche, nackte Männlein, setzten sich vor des Schusters Tisch, nahmen alle zugeschnittene Arbeit zu sich und fingen an, mit ihren Fingerlein so behänd und schnell zu stechen, zu nähen, zu klopfen, dass der Schuster vor Verwunderung die Augen nicht abwenden konnte. Sie ließen nicht nach, bis alles zu Ende gebracht war und fertig auf dem Tische stand. Dann sprangen sie schnell fort.

Am anderen Morgen sprach die Frau: »Die kleinen Männer haben uns reich gemacht, wir müssten uns doch dankbar dafür bezeigen. Sie laufen so herum, haben nichts am Leib und müssen frieren. Weißt du was? Ich will Hemdlein, Rock, Wams und Höslein für sie nähen, auch jedem ein Paar Strümpfe stricken. Mach zu jedem ein Paar Schühlein dazu.« Der Mann sprach: »Das bin ich wohl zufrieden«, und abends, wie sie alles fertig hatten, legten sie die Geschenke statt der zugeschnittenen Arbeit zusammen auf den Tisch und versteckten sich dann, um mit anzusehen, wie sich die Männlein dazu anstellen würden. Um Mitternacht kamen sie herangesprungen und wollten sich gleich an die Arbeit machen. Als sie aber kein zugeschnittenes Leder, sondern die niedlichen Kleidungsstücke fanden, verwunderten sie sich erst, dann aber bezeigten sie eine gewaltige Freude. Mit der größten Geschwindigkeit zogen sie sich an, strichen die schönen Kleider am Leib und sangen:

>Sind wir nicht Knaben glatt und fein?

Was sollen wir länger Schuster sein!<

Dann hüpften und tanzten sie und sprangen über Stühle und Bänke. Endlich tanzten sie zur Tür hinaus. Von nun an kamen sie nicht wieder. Dem Schuster aber ging es wohl, solang er lebte, und es glückte ihm alles, was er unternahm.

II

Es war einmal ein armes Dienstmädchen, das war fleißig und reinlich, kehrte alle Tage das Haus und schüttete das Kehricht auf einen großen Haufen vor die Türe.

Eines Morgens, als es eben wieder an die Arbeit gehen wollte, fand es einen Brief darauf, und weil es nicht lesen konnte, so stellte es den Besen in die Ecke und brachte den Brief seiner Herrschaft. Und da war es eine Einladung von den Wichtelmännern, die baten das Mädchen, ihnen ein Kind aus der Taufe zu heben. Das Mädchen wusste nicht, was es tun sollte; endlich auf vieles Zureden und weil sie ihm sagten, so etwas dürfte man nicht abschlagen, so willigte es ein.

Da kamen drei Wichtelmänner und führten es in einen hohlen Berg, wo die Kleinen lebten. Es war da alles klein, aber so zierlich und prächtig, dass es nicht zu sagen ist. Die Kindbetterin lag in einem Bett von schwarzem Ebenholz mit Knöpfen von Perlen. Die Decken waren mit Gold gestickt, die Wiege war von Elfenbein, die Badewanne von Gold.

Das Mädchen stand nun Gevatter und wollte dann wieder nach Haus gehen, die Wichtelmänner baten es aber inständig, drei Tage bei ihnen zu bleiben. Es blieb also und verlebte die Zeit in Lust und Freude und die Kleinen taten ihm alles zuliebe.

Endlich wollte es sich auf den Rückweg machen, da steckten sie ihm die Taschen erst ganz voll Gold und führten es hernach wieder zum Berge heraus.

Als es nach Hause kam, wollte es seine Arbeit beginnen, nahm den Besen in die Hand, der noch in der Ecke stand, und fing an zu kehren. Da kamen fremde Leute aus dem Haus, die fragten, wer es wäre und was es da zu tun hätte. Da war es nicht drei Tage, wie es gemeint hatte, sondern sieben Jahre bei den kleinen Männern im Berge gewesen und seine vorige Herrschaft war in der Zeit gestorben.

III

Einer Mutter war ihr Kind von den Wichtelmännern aus der Wiege geholt und ein Wechselbalg mit dickem Kopf und starren Augen hineingelegt, der nichts als essen und trinken wollte. In ihrer Not ging sie zu ihrer Nachbarin und fragte sie um Rat.

Die Nachbarin sagte, sie sollte den Wechselbalg in die Küche tragen, auf den Herd setzen, Feuer anmachen und in zwei Eierschalen Wasser kochen, das bringe den Wechselbalg zum Lachen und wenn er lachte, dann sei es aus mit ihm.

Die Frau tat alles, wie die Nachbarin gesagt hatte. Wie sie die Eierschalen mit Wasser über das Feuer setzte, sprach der Klotzkopf:

>»Nun bin ich so alt
>wie der Westerwald
>und hab nicht gesehen,
>dass jemand in Schalen kocht«,

und fing an, darüber zu lachen. Indem er lachte, kam auf einmal eine Menge von Wichtelmännern, die brachten das rechte Kind, setzten es auf den Herd und nahmen den Wechselbalg wieder mit fort.

Trillevip

Ein nordisches Märchen

Ein Mädchen auf Fünen war eines Sonntags in der Kirche gewesen und ging auf dem Heimweg durch einen Wald, der zu einem großen Herrenhof gehörte. Sie ging in Gedanken und zählte auf zwanzig; aber wie sie sich umschaute, sah sie den Sohn vom Herrenhofe mit der Büchse dicht hinter sich hergehn und sie wurde rot, weil sie überzeugt war, dass er ihr Selbstgespräch gehört hatte. Er fragte sie auch gleich, was es bedeuten solle, dass sie so vor sich hin zähle; und in ihrer Verlegenheit antwortete sie ins Blaue hinein und sagte: »Ich habe mir nur ausgerechnet, wie viel Spindeln Garn ich jeden Abend spinnen kann.« Er kam heim und erzählte seiner Mutter, mit was für einem Mädchen er im Wald gesprochen hätte; sie könne zwanzig Spindeln an einem Abend spinnen; das sei eine andere als ihre Mädchen. Die Frau hatte nichts Eiligeres zu tun, als nach dem Mädchen zu schicken und ihr das Blaue vom Himmel herunter zu versprechen, wenn sie als Spinnmädchen zu ihr kommen wolle. Und das Mädchen sagte gleich zu, denn sie dachte nicht, dass die Frau jene verflogenen Worte kannte. Sie trat den Dienst an und am Abend kam die Frau mit Garnrollen an für zwanzig Spindeln Garn. »Denn ich habe gehört, dass du so viele spinnen kannst.«

Das Mädchen spann und spann, so viel es nur konnte, und es wurde spät, es ging auf Mitternacht, und sie war weder halb noch ganz fertig. Das arme Mädchen! Sie spann und weinte und kam doch gar nicht zu Streich. Um Mitternacht kam auf einmal ein kleiner Knirps mit einer roten Mütze und sagte: »Warum sitzest du denn und weinst? Kann ich dir helfen?« – »Ja, das ist so und so«, sagte sie, »alles das hätte ich heute Abend spinnen sollen und ich bin noch nicht einmal halb fertig; wenn du mir helfen könntest, so wäre ich sehr froh.« – »Damit hat es keine Not«, sagte der Kleine, »wenn du fürs erste meine Liebste werden willst und später meine Frau.« Und in ihrer Not gab das Mädchen das Versprechen mit angstvollen Gedanken an die Zukunft. Und eins, zwei, drei war die ganze Arbeit getan. Aber von da an half ihr der Kleine jeden Abend bei ihrer Arbeit. Die Frau konnte sie so gut leiden, dass sie gar nicht mehr als Magd gehalten war; sie sollte wegen ihrer Tüchtigkeit den Sohn zum Manne bekommen. Das war schlimm, denn sie hatte sich ja dem kleinen Knirps versprochen und das wagte sie nicht zu sagen. Die Hochzeit wurde vorbereitet, aber je näher der bestimmte Tag kam, desto trauriger wurde das Mädchen, sodass der Knirps merken musste, dass etwas nicht in Ordnung war. Sie erzählte ihm, wie die Geschichte stand, und er brummte ein wenig. Dann aber sagte er ihr, wenn sie seinen Namen raten könne, so wollte er sie freigeben. Sie dürfe dreimal raten und habe drei Tage Bedenkzeit. Sie wollte es probieren, obgleich sie durchaus nicht wusste, wie sie es anstellen sollte. Da traf es sich aber zum Glück, dass der Jäger vom Hof, der jeden Tag nach Wild für die Hochzeit jagen musste, am Abend spät an einen nahen Hügel kam und da sah er ganz unheimlich viel Lichter innen in dem Hügel und das kleine Bergvolk tanzte. Das Knirpschen war ganz besonders übermütig und sprang umher und sang:

> »Ich spinn und hasple fleißig,
> eine schöne Jungfrau weiß ich,
> Trillevip heiß ich!«

Inzwischen vertraute das Spinnmädchen einer Magd ihr heimliches Verlöbnis an und die Verlegenheit, in der sie wegen des Bergmännchens war; und die andere Magd hatte eben gehört, wie der Jäger von seinem Erlebnis erzählt hatte, und sie berichtete die ganze Geschichte von Anfang bis zu Ende wörtlich der Spinnerin. Wie nun das Bergmännchen kam und sie heiraten sollte, wollte sie sich von vornherein nichts anmerken lassen und rief das erste Mal: »Peter!«, und das andere Mal: »Paul«, und der Kleine tanzte und glänzte vor Vergnügen wie ein neues Geldstück. Aber das Vergnügen sollte nicht lang dauern, denn als sie zum dritten Mal raten sollte, sagte sie: »Trillevip bist du genannt.« Und da war's vorbei mit des Knirpschens Freierei. Bekommen konnte er sie nun nicht mehr, aber er wollte ihr doch noch einmal helfen und er wusste wohl, dass sie es recht nötig haben würde. Denn der junge Herr hatte sie ja gewollt, weil sie so gut spinnen konnte, und er würde in helle Wut geraten und sie verstoßen, wenn er hinter den wahren Sachverhalt käme. Deshalb sagte der Bergmann im Weggehen zu ihr: »An deinem Hochzeitstag werden drei alte Weiber in die Stube treten, wenn ihr beim Mahle sitzt. Die erste musst du ›Mutter‹ nennen, die zweite ›Großmutter‹ und die dritte ›Urgroßmutter‹, und wenn sie auch noch so gräulich aussehen und dein Mann noch so ungehalten ist, so musst du sie doch bewirten, so gut du nur kannst.« Und es kam, wie er gesagt hatte; sie tat, wie er ihr geraten hatte, obgleich sie durchaus nicht einsah, zu was das gut sein sollte. Die erste, die kam, war ein gräuliches altes Weib mit zwei großen roten Augen, die ihr weit über die Wangen herunterhingen. Und als der junge Mann sie fragte, wie das gekommen sei, dass ihre Augen so rot seien, sagte sie: »Das kommt davon, dass ich nächtelang aufgesessen bin und gesponnen habe.« Als diese gegangen war, kam die zweite und das war auch ein hässliches altes Weib: Sie hatte einen Mund bis fast zu den Ohren. »Von was kommt es denn, dass Ihr so einen großen Mund habt?«, fragte der junge Ehemann. »Ja, das kommt davon, weil ich so oft meinen Finger lecken musste, wenn ich spann, denn sonst wäre der Faden nicht glatt geworden. Und ich habe so viele Jahre gesponnen, Tag und Nacht, dass es ein Wunder ist, dass mein Mund nicht noch größer wurde.« Schließlich kam die allergräulichste von den dreien: Sie humpelte auf zwei Stöcken daher und konnte weder stehen noch gehen, so schwach waren ihre Beine. »Was fehlt Euch denn, Mütterchen«, sagte der Mann, »weil Ihr gar so mühsam daherschleicht?« – »Ja, ich bin so schwach geworden vom Treten; ich spinne nun seit Menschengedenken und ich möchte nicht wünschen, dass jemand das eggen sollte, was ich gepflügt habe, und auch so elend werden sollte wie ich.« Als auch diese ihres Weges gehumpelt war, sagte der junge Herr zu der Spinnerin, die nun seine Frau war: »Du sollst von jetzt an nie mehr spinnen; denn ich möchte um keinen Preis, dass du so aussiehst wie deine Mutter oder deine Großmutter oder deine Urgroßmutter.« Nun begriff sie, was das Bergmännchen bezweckt hatte, und war froh, dass sie seinen Weisungen so pünktlich gefolgt war.

Kürdchen Bingeling

Kürdchen Bingeling hat an seiner Mutter Brust sieben Jahre getrunken. Davon ist er so gewaltig groß geworden und hat so viel essen können, dass er nicht zu sättigen ist. Alle Menschen aber hat er genarrt. Nun versammelt sich die ganze Gemeinde und will ihn fangen. Aber Kürdchen Bingeling merkt es, setzt sich unter das Tor und sperrt den Weg, sodass kein Mensch hindurch kann. Nachher geht er in ein anderes Dorf, ist aber noch derselbe Schlingel. Und da macht sich die ganze Gemeinde auf, um ihn zu greifen. Er aber, weil kein Tor da ist, was er verrammeln kann, springt in einen Brunnen. Jetzt stellt sich die Gemeinde herum und beratschlagt, und sie beschließen endlich, ihm einen Mühlstein auf den Kopf zu werfen. Mit großer Mühe rollen sie einen herbei und werfen ihn hinunter. Wie sie meinen, er sei tot, steckt Kürdchen Bingeling den Kopf aus dem Brunnen, den hat er durch das Loch des Steins gesteckt, sodass dieser ihm auf den Schultern liegt, wobei er ruft: »Ach, was hab ich einen schönen Dütenkragen!« Wie sie das sehen, ratschlagen sie von neuem und schicken dann hin und lassen ihre große Glocke aus dem Kirchturm holen und werfen sie hinab. Sie solle ihn gewiss treffen. Wie sie aber meinen, er liege unten erschlagen, und gehen auseinander, kommt er auf einmal aus dem Brunnen gesprungen, hat die Glocke auf dem Kopf und ruft ganz freudig: »Ach, was für eine schöne Bingelmütze«, und läuft davon.

Das Erdmänneken

Es war einmal ein reicher König gewesen, der hatte drei Töchter, die waren alle Tage im Schlossgarten spazieren gegangen, und der König war so ein Liebhaber von allerhand schönen Bäumen gewesen; und einen hatte er lieb gehabt, dass er denjenigen, der von den Äpfeln naschte, hundert Klafter unter die Erde verwünschte. Als es nun Herbst war, da wurden die Äpfel so rot wie Blut. Die drei Töchter gingen alle Tage unter den Baum und sahen zu, ob der Wind nicht einen Apfel heruntergeschlagen hätte, aber sie fanden ihr Lebtag keinen und der Baum, der saß so voll, dass er brechen wollte, und die Zweige hingen bis auf die Erde. Da gelüstete es dem jüngsten Königskind gewaltig nach den Äpfeln und sie sagte zu ihren Schwestern: »Unser Vater, der hat uns viel zu lieb, als dass er uns verwünschen würde, ich glaube, dass er es nur der fremden Leute wegen getan hat.« Damit pflückte das Kind einen ganz dicken Apfel ab und sprang zu seinen Schwestern und sagte: »Ah, nun schmeckt mal, meine lieben Schwestern, ich hab mein Lebtag nicht so was Schönes gegessen.« Da bissen die anderen beiden auch mal in den Apfel. Plötzlich versanken sie alle drei unter die Erde und kein Hahn krähte mehr danach.

Als es Mittag ist, da will sie der König zu Tisch rufen, da sind sie nirgends zu finden. Er sucht überall im Schloss und im Garten, aber er kann sie nicht finden. Da wurde er so betrübt und ließ das ganze Land aufbieten und wer seine Töchter wiederbrächte, der sollte eine davon zur Frau haben. Da zogen viele junge Leute aus und suchten, denn jeder hatte die drei Kinder gern gehabt, weil sie gegen jedermann freundlich gewesen waren und auch schön von Angesicht. So zogen auch drei Jägerburschen aus und als sie wohl acht Tage gereist waren, da kamen sie in ein großes Schloss, da waren so hübsche Stuben drinnen und in einem Zimmer war ein Tisch gedeckt, darauf standen schöne Speisen, die waren so warm, dass sie dampften, aber im ganzen Schloss war kein Mensch zu hören noch zu sehen. Da warteten sie noch einen halben Tag und die Speisen blieben immer warm und dampften. Zuletzt waren sie so hungrig, dass sie sich hinsetzten und aßen und machten miteinander aus, sie wollten auf dem Schloss wohnen bleiben und wollten darum losen, dass der eine im Haus blieb und die beiden anderen die Töchter suchten. Das taten sie auch und das Los traf den Ältesten, so musste er zu Hause bleiben. Am Mittag kommt da so ein kleines

Männeken und bittet um ein Stückchen Brot, da nimmt er von dem Brot und schneidet ein Stückchen ab und will es ihm geben, als er es aber hinreicht, lässt es das kleine Männeken fallen und sagt, er solle doch so gut sein und ihm das Stück aufheben. Da bückt er sich und will es tun, mitdem nimmt das Männeken einen Stock und packt ihn bei den Haaren und gibt ihm wüste Schläge.

Den andern Tag, da ist der zweite zu Haus geblieben, dem geht es nicht besser. Als die beiden anderen nach Haus kamen, da sagte der Älteste: »Na, wie ist es dir denn gegangen?« – »Oh, es geht mir ganz schlecht!« Da klagten sie einander ihre Not, aber dem Jüngsten sagten sie nichts, sie mochten ihn nicht recht leiden und hießen ihn immer den dummen Hans.

Am dritten Tag, da blieb der Jüngste zu Haus, da kommt das kleine Männeken wieder und bettelt um sein Stückchen Brot; als er ihm das gegeben hat, ließ das Männeken es auf die Erde fallen und sagte, er möchte doch so gut sein, es ihm reichen. Da sagte der Hans zu dem kleinen Männeken: »Was, du kannst das Stück nicht selber aufheben? Wenn du dir nicht mal die Mühe um deine tägliche Nahrung machen willst, so bist du auch nicht wert, dass du isst.« Da ward das Männeken fuchsteufelswild, Hans aber auch nicht faul, nahm mein liebes Männeken und drosch es tüchtig durch. Da schrie das Männeken: »Hör auf, hör auf, ich will dir auch sagen, wo die Königstöchter sind.« Wie er das hörte, hielt er ein und das Männeken erzählte ihm, er wäre ein Erdmänneken und solche gäbe es mehr als tausend, er möge mit nach unten gehen, dann wollte er ihm weisen, wo die Königstöchter wären. Da wies er ihn in einen tiefen Brunnen, da war aber kein Wasser drinnen. Da sagte das Männeken zum Hans, dass seine beiden Gesellen es nicht ehrlich mit ihm meinten, er sollte die Königskinder lieber alleine erlösen. Die beiden anderen Brüder wollten wohl auch gern die Königstöchter wiederhaben, aber sie wollten davon keine Mühe und Gefahr haben. Er sollte einen großen Korb nehmen, sich hineinsetzen und sich hinunterwinden lassen; unten, da wären drei Zimmer, in jedem säße ein Königskind und hätte einen Drachen mit vielen Köpfen zu kraulen, dem müsste er die Köpfe abschlagen. Als das Erdmänneken das gesagt hatte, verschwand es.

Als es Abend war, da kamen die beiden andern und fragten, wie es ihm ergangen wäre. Da sagte er: »Oh, soweit ganz gut.« Er hätte keinen Menschen gesehen, nur des Mittags, da wär so 'n kleines Männeken gekommen, das hätte um ein Stückchen Brot gebeten, das hätte er ihm gegeben, aber das Männeken hätte es fallen lassen und habe gesagt, er sollte es wieder aufheben und wie er das nicht tun wollte, da hätte es angefangen, wie ein Rohrspatz zu schelten, da wäre der aber an den Unrechten gekommen, er hätte das Männeken tüchtig verprügelt, und da wäre es ganz manierlich geworden und hätte ihm erzählt, wo die Königskinder wären. Da ärgerten sich die beiden andern grün und gelb. Den andern Morgen gingen sie an den Brunnen und machten Lose, wer sich als erster in den Korb setzen sollte. Da fiel das Los wieder dem Ältesten zu, er setzte sich hinein und nahm die Klingel mit. Er sagte: »Wenn ich klingele, so müsst ihr mich mit Winden wieder heraufwinden.« Als er halb herunter war, da klingelte er schon und sie wanden ihn wieder herauf. Da setzte sich der zweite hinein und machte es ebenso. Nun kam die Reihe an den Jüngsten, der ließ sich aber ganz hinunterwinden. Drunten stieg er aus dem Korb und nahm seinen Hirschfänger und ging vor die erste Tür und horchte, da hörte er den Drachen ganz laut schnarchen. Er machte leise die Tür auf, da saß die eine Königstochter und hatte auf ihrem Schoß neun Drachenköpfe liegen und kraulte sie. Da nahm er seinen Hirschfänger und schlug zu, bis alle neun Köpfe ab waren. Die Königstochter sprang auf, fiel ihm um den Hals und drückte und küsste ihn. Da nahm sie ihr Brusttuch und hängte ihm das um. Dann ging er zu der zweiten Königstochter, die hatte einen Drachen mit sieben Köpfen zu kraulen, und erlöste sie auch, ebenso die Jüngste, die hatte einen Drachen mit vier Köpfen zu kraulen. Als er sie alle erlöst hatte, da fragten sie alle so viel und drückten und küssten ihn ohne Aufhören. Dann setzte er die Königstöchter eine nach der andern in den Korb, klingelte und ließ sie heraufziehen. Als er nun an die Reihe kam, da fielen ihm die Worte von dem Erdmänneken wieder ein, dass seine Gesellen es nicht gut mit ihm meinten. Da nahm er einen großen Stein und legte ihn in den Korb. Als der Korb so ungefähr in der Mitte war, schnitten die falschen Brüder den Strick ab, dass der Korb mit dem Stein auf den Grund fiel, und meinten, jetzt wäre er tot. Nun liefen die falschen Brüder mit den drei Königstöchtern weg und ließen sie sagen, sie beide hätten sie erlöst.

Unterdessen ging der jüngste Jägerbursche ganz betrübt in den drei Kammern herum und dachte, dass er nun wohl sterben müsste. Da sieht er an der Wand eine Flöte hängen, da sagte er: »Warum hängst du da wohl, hier kann ja doch keiner lustig sein.« Er beguckte auch die Drachenköpfe und sagte: »Ihr könnt mir nun auch nicht helfen.« Er ging so oft hin und her spazieren, dass der Fußboden davon ganz glatt wurde, zuletzt, da bekommt er andere Gedanken und nimmt die Flöte von der Wand und bläst ein Stückchen.

Auf einmal kommen da so viele Erdmänneken; bei jedem Ton, den er bläst, kommt eines mehr. Da bläst er so lange das Stückchen, bis das Zimmer toppevoll ist. Da fragten sie alle, was sein Begehr wäre. Er antwortete, er wollte gern wieder auf die Erde ans Tageslicht. Da fassten sie ihn alle an, ein jedes Erdmänneken ein Haar auf seinem Kopf, und so flogen sie hinauf mit ihm auf die Erde. Wie er oben war, ging er gleich auf das Königsschloss, wo gerade die Hochzeit mit der einen Königstochter sein sollte. Er ging gleich in das Zimmer, wo der König mit seinen drei Töchtern saß. Wie ihn die Mädchen kommen sahen, wurde ihnen ganz schwach zumute, da ließ der König ihn gleich ins Gefängnis setzen, weil er meinte, er hätte seinen Kindern ein Leid getan. Als aber die Königstöchter wieder zu sich kamen, da baten sie so viel, er möchte ihn doch wieder laufen lassen. Der König fragte: »Warum?« Da sagten sie, dass sie das nicht erzählen dürften, aber der Vater sagte, sie sollten es dem Ofen erzählen. Er aber lauschte an der Tür und hörte alles. Da ließ er die beiden falschen Brüder an einen Galgen hängen und den Jüngsten gab er der jüngsten Tochter. »Un da trok ik en Paar gläserne Schohe an un da stott ik an en Stein, da segd et ›klink‹, da wören se kaput.«

6. Wunder-, Zauber- und Lügengeschichten

Peters drei Geschenke

Ein spanisches Märchen

Es waren einmal zwei Brüder, Peter und Hans. Und eines Tages zogen sie in die Welt hinaus, um sich ihr Brot selber zu verdienen. Sie kamen an eine Wegkreuzung und Peter sprach zu seinem Bruder: »Wir wollen uns hier trennen; du gehst diesen Weg und ich den dort. Und am Sonntag wollen wir uns hier wieder treffen und sehen, ob wir einen Brotherrn gefunden haben.« Sie trennten sich. Und als Peter einen Berg hinaufging, begegnete ihm ein Herr, der fragte ihn, ob er sein Diener werden und mit ihm gehen wolle; er brauche ihm nur drei Tage zu dienen, dann würde er ihn für immer reich machen. Peter nahm den Vorschlag an und der Herr führte ihn in eine Höhle und zeigte ihm eine Kerze, die brannte auf einem Stein, und er sagte: »Wenn die Kerze sich fortbewegt und auf das Bett zugeht, dann folgst du ihr und legst dich schlafen.« Und der Herr verschwand.

Als die Kerze sich dem Bett näherte, folgte Peter ihr und legte sich hin. Kurz darauf hörte er ein lautes Getöse und bekam große Angst. Und Peter sagte: »Sobald es hell wird, gehe ich wieder fort; dies hält kein Mensch aus.« Als es heller wurde, erschien der Herr und gab ihm einen Eierkuchen und eine Flasche Wein. Und Peter sagte: »Ich geh fort; das Getöse, das hier gestern Abend war, ist nicht auszuhalten.«

»Wie du willst«, sagte der Herr, »aber wenn du fortgehst, bezahle ich dir nichts für die Nacht, die du hier verbracht hast.« Peter aß den Eierkuchen, trank den Wein und sagte: »Tja, wenn man so isst und Ruhe hat wie jetzt, kann man in dieser Höhle schon leben.«

Die Nacht kam und der Herr ließ Peter bei der brennenden Kerze wie das vorige Mal. Kaum hatte er sich niedergelegt, da hörte er das Getöse und sagte: »Sobald es hell wird, mache ich mich fort von hier; dies hält kein Mensch aus.«

Es wurde hell und der Herr gab Peter einen Eierkuchen und eine Flasche Wein. Und Peter sagte zu ihm: »Ich gehe fort; dies ist nicht zu ertragen.« – »Wenn du fortgehst, gebe ich dir nichts für die beiden Nächte, die du hier verbracht hast. Übrigens fehlt dir ja auch nur eine Nacht, um reich zu werden.« Peter begann vom Eierkuchen zu essen und den Wein zu trinken, dann sagte er: »Wenn man gut isst und Ruhe hat, kann man hier schon leben.«

Als es dunkel wurde, geschah dasselbe wie in den vorigen Nächten, er folgte der Kerze und legte sich zu Bett. Und da hörte er ein Rasseln von Ketten und eine Stimme, die sagte: »Weh, ich falle!« Und sie sagte so oft: »Weh, ich falle!«, dass Peter schließlich sprach: »Fall mit tausend Teufeln!« Und es fielen die Beine eines Mannes herunter. »Weh, ich falle!«, wiederholte die Stimme. »Fall mit dem Heiligen Johannes!« Und es fiel der Rumpf herunter. »Weh, ich falle!« – »So fall, fall, fall schon alles, was noch fehlt!« Und es fiel der Kopf herunter.

Diese Teile des menschlichen Körpers taten sich zusammen und bildeten zusammen einen Herrn, das war derselbe, der Peter in die Höhle geführt hatte.

Und der Herr sagte: »Dadurch, dass du den Mut hattest, hier drei Nächte zu verbringen, hast du mich gerettet. Jetzt will ich dir drei Geschenke geben, die es auf der ganzen Welt nicht zum zweiten Male gibt. Nimm diesen Gürtel! Daraus kannst du so viel Geld holen, wie du willst, und soviel du auch herausholst, er wird nie leer werden. Nimm dieses Schwert! Mit ihm wirst du alle besiegen, mit denen du kämpfen musst. Nimm diese Decke! Du brauchst nur zu sagen: ›Decke da- oder dahin!‹, und schon bist du dort, wo du hinwillst.«

Peter zog sehr zufrieden mit seinen drei Geschenken los und ging an die Wegkreuzung, wo er sich mit seinem Bruder treffen wollte, und fragte ihn: »Hast du einen Herrn, Hans?« – »Ja! Und du?« – »Ich hatte ihn und bin wieder weg von ihm.« Und er zeigte ihm den Gürtel mit dem Geld. Und Hans fragte ihn: »Wem hast du den gestohlen?« – »Ich habe ihn nicht gestohlen; ich verdiente ihn mir, doch ich weiß nicht, bei wem.« Und dann holte Peter Geld aus dem Gürtel heraus und gab es seinem Bruder. Und er gab ihm so viel, dass Hans sich ein Schloss bauen und Ländereien und viele Viehherden kaufen konnte.

Peter reiste auf der Decke von Ort zu Ort und gab mit vollen Händen Geld aus. Und es kam dem König zu Ohren, dass Peter den Gürtel, das Schwert und die Decke hatte, und da ließ er ihn in sein Schloss rufen. Er ging hin und der König sagte zu ihm: »Wenn du mir die drei Dinge gibst, die du hast, gebe ich dir meine Tochter zur Frau.« Peter, der merkte, dass der König nur eine Tochter hatte, sprach bei sich: »Ich kann ihm die Sachen ruhig geben, denn seine Tochter wird sie wieder erben, und so kommen sie zurück und wir haben sie alle bei uns zu Haus.« Er überreichte dem König alle drei, doch die Tochter bekam er nicht. Als Peter sich genarrt sah, ging er hin, wo ihn niemand kannte. Und er trat als Gärtner in das Haus eines Herrn ein. Peter machte seine Arbeit sehr gut; und es kam die Zeit der Ernte und sein Herr sagte zu ihm: »Iss nicht von diesen Birnen oder von den Pfirsichen da; von den anderen Früchten kannst du so viel essen, wie du willst.« Und Peter sagte: »Warum will mein Herr nicht, dass ich diese Birnen koste? Ich will doch eine versuchen.« Er aß sie und es wuchsen ihm Hörner. Als er sich mit den Hörnern sah, sprach er: »Hörner hab ich ja nun; was kann mir noch Schlimmeres widerfahren? Ich will doch sehen, wie das ausgeht, und einen Pfirsich nehmen.« Er aß ihn und da verschwanden die Hörner. Darauf sprach er: »Das ist etwas für mich!«

Peter kannte eine Frau, die war Näherin, und er sagte ihr, sie solle ihm zwei kleine Säcke nähen. In den einen steckte er ein Dutzend Birnen und in den anderen ein Dutzend Pfirsiche, und dann bat er seinen Herrn um die Abrechnung. Und von dem Geld, das er ihm gab, kaufte er sich einen Ärztemantel und packte ihn in den Koffer. Und er ging in das Schloss des Königs, um dort das Dutzend Birnen zu verkaufen. Da sie ausgezeichnet aussahen, kaufte man sie ihm ab und brachte sie noch am selben Tag auf die Tafel. Die königliche Familie aß davon und da wuchsen ihr furchtbare Hörner.

Als die Diener den Tisch abräumten, sahen sie den König, die Königin und die Prinzessin mit den angewachsenen Hörnern. Nun kamen Ärzte von hier und von dort, aber niemand konnte von den Köpfen der königlichen Familie diese Gewächse entfernen. Peter zog den Ärztemantel an, ging ins Schloss und sagte, er verpflichte sich, die Kranken zu heilen. Man führte ihn vor den König, er untersuchte gründlich dessen Kopf und fragte: »Warum haben die Ärzte denn nicht die Hörner an dem Tag entfernt, an dem sie entstanden sind? Jetzt sind sie schon hart und es ist nicht leicht, sie zu entfernen. Doch trotzdem verpflichte ich mich, sie wegzubringen, wenn Ihr mir dafür einen Gürtel gebt, den Ihr besitzt.« – »Fordere, so viel du willst«, sagte der König, »aber den Gürtel geb ich dir nicht.« – »Dann behaltet den Gürtel und Eure Hörner.« Da sagte die Königin zu dem König: »Zu sehr hängst du am Geld. Willst du lieber wie ein Hirsch herumlaufen, als einen Gürtel entbehren?« Der König gab ihm den Gürtel. Und Peter bat um ein Glas Wasser und legte den Pfirsich hinein. Mit dem Wasser benetzte er die Hörner und den Pfirsich gab er in kleinen Stücken dem König zu essen und die Hörner verschwanden.

Danach besah er die Hörner der Königin und sagte zu ihr: »Ich entferne sie Euch, wenn der König mir ein Schwert gibt, das er besitzt.« Der König antwortete ihm, dass er ihm das Schwert nicht gebe, denn das sei seine einzige Waffe. Und die Königin sagte: »Wo du keine Hörner mehr hast, willst du, dass ich meine behalte?« Und der König gab ihm das Schwert und Peter machte bei der Königin dasselbe wie beim König und entfernte ihr die Hörner. Da trat die Prinzessin weinend herein und flehte Peter an, er möge sie doch um Gottes willen auch von den Hörnern befreien. »Ich entferne sie dir«, sagte Peter, »doch um sie loszuwerden, musst du dich im Hof auf eine Decke setzen, die dein Vater hat.« Die Prinzessin breitete die Decke im Hof aus und setzte sich darauf. Und Peter setzte sich an ihre Seite und sagte: »Decke, runter nach Rom!« Und in einem Husch waren sie in Rom. Dort sagte Peter zu der Prinzessin: »Wenn du mich heiratest, nehme ich dir die Hörner weg.« Sie willigte ein. Da gab Peter ihr einen Pfirsich zu essen und die Hörner waren nicht mehr zu sehen. Dann heirateten sie und gingen in das Schloss, das sein Bruder Hans gebaut hatte, und lebten dort.

Und eines Tages fragte Hans: »Peter, wie hast du es nur angestellt, die Tochter des Königs zu rauben?« – »Ich setzte mich auf eine Decke, die ich habe, und sagte: ›Decke, runter nach Rom!‹« Hans beneidete seinen Bruder und bekam schnell heraus, wo er die Decke aufbewahrte. Er nahm sie und setzte sich darauf. Und anstatt zu sagen: »Decke, runter nach Rom!«, sagte er: »Decke, rundherum!« Und sogleich wurde er im Kreise herumgewirbelt und stieß sich an allen Ecken und Kanten, bis ihm in den Sinn kam, zu sagen: »Decke, zu meinem Bruder Peter!« Und er langte zu Hause an. Und er verspürte nie wieder Neid auf seinen Bruder. Und die drei lebten glücklich zusammen.

Der süße Brei

Es war einmal ein armes, frommes Mädchen, das lebte mit seiner Mutter allein und sie hatten nichts mehr zu essen.

Da ging das Kind hinaus in den Wald und begegnete ihm da eine alte Frau, die wusste seinen Jammer schon und schenkte ihm ein Töpfchen, zu dem sollte es sagen: »Töpfchen koche«, so kochte es guten süßen Hirsebrei, und wenn es sagte: »Töpfchen steh«, so hörte es auf zu kochen. Das Mädchen brachte den Topf seiner Mutter heim und nun waren sie ihrer Armut und ihres Hungers ledig und aßen süßen Brei, sooft sie wollten.

Auf eine Zeit war das Mädchen ausgegangen, da sprach die Mutter: »Töpfchen koche.« Da kocht es und sie isst sich satt. Nun will sie, dass das Töpfchen wieder aufhören soll, aber weiß das Wort nicht. Also kocht es fort und der Brei steigt über den Rand und kocht immerzu, die Küche und das ganze Haus voll und das zweite Haus und die Straße, als wollt's die ganze Welt satt machen, und ist die größte Not und kein Mensch weiß zu helfen.

Endlich, wie nur noch ein einziges Haus übrig ist, da kommt das Kind heim und spricht nur: »Töpfchen steh«, da steht es und hört auf zu kochen. Und wer in die Stadt wollte, der musste sich durchessen.

Der Page und der Silberkelch

Ein englisches Märchen

Es war einmal ein kleiner Page, der diente auf einem stattlichen Schloss. Er war ein gutmütiger Bursche und erfüllte seine Pflichten so willig und gut, dass ihn jedermann gern hatte, von dem hohen Grafen, dem er täglich mit gebeugtem Knie aufwartete, bis zu dem dicken Kellermeister, dessen Aufträge er ausführte. Das Schloss stand auf einer Klippe hoch über der See und obwohl die Mauern auf dieser Seite sehr stark waren, befand sich in ihnen eine kleine Hintertür. Sie ging auf eine schmale Treppenflucht hinaus, die an der Vorderseite der Klippe zum Ufer hinabführte, so dass jeder, der es mochte, an schönen Sommermorgen dort hinuntergehen und im schimmernden Meere baden konnte. Auf der anderen Seite des Schlosses waren Gärten und Spielgründe, die an einen langen Streifen heidebedeckten Ödlandes grenzten, und in der Ferne ragte eine Hügelkette empor. Der kleine Page liebte es sehr, die Heide aufzusuchen, wenn seine Arbeit getan war; denn dann konnte er so viel herumtollen, wie er wollte: Hummeln jagen und Schmetterlinge fangen und nach Vogelnestern ausgucken, wenn es Brutzeit war. Und der alte Kellermeister war damit sehr einverstanden; denn er wusste, wie gesund es für einen solchen Burschen war, sich viel im Freien herumzutreiben. Aber bevor der Junge hinausging, pflegte ihm der alte Mann immer eine Mahnung mitzugeben: »Pass gut auf, mein Kerlchen, und halte dich fern von dem Elfenhügel; denn dem kleinen Volk ist nicht zu trauen.« Dieser Elfenhügel, von dem er sprach, war eine kleine grüne Anhöhe, die nicht zwanzig Ellen vom Gartentor entfernt auf der Heide lag, und die Leute sagten, sie sei die Wohnstätte von Feen, die jeden voreiligen Sterblichen, der sich ihnen näherte, bestraften. Deswegen gingen die Landleute lieber eine halbe Meile daran vorbei, selbst am hellen Tage, als dass sie Gefahr liefen, zu nah an den Feenhügel zu geraten und sich den Zorn der kleinen Geister zuzuziehen. Und nachts hätten sie die Heide überhaupt nicht durchquert; denn jeder weiß, dass die Feen in der Dunkelheit umherschweifen und die Tür zu ihrer Behausung offensteht; und der unglückliche Sterbliche, der nicht aufpasst, kann dann hineingeraten.

Nun war der kleine Page ein kecker Bursche und anstatt vor den Feen Angst zu haben, war er sehr begierig, sie zu sehen und ihr Versteck aufzusuchen und auszuspüren, wie es dort zuging. So schlich er sich eines Nachts, als alle im Schloss im Schlafe lagen, durch die kleine Pforte und stahl sich die Steintreppen hinunter und am Meeresufer entlang bis schließlich herauf zum öden Heideland und dann ging er stracks auf die Erhebung los. Zu seinem Entzücken fand er die Spitze des Feenhügels aufgekippt. Aus der klaffenden Öffnung strömten Lichtstrahlen hervor. Sein Herz schlug heftig vor Erregung, aber er nahm sich den Mut, beugte sich nieder und schlüpfte ins Innere des Hügels. Dort fand er einen weiten Raum, der von zahllosen winzigen Kerzen erleuchtet war, und um einen blanken Tisch saßen Scharen von Feen und Elfen und Gnomen, in Grün und Gelb und Rot, in Blau und Lila und Scharlach gekleidet, kurz in allen Farben, die man sich nur denken kann. Er stand in einer dunklen Ecke und belauschte das geschäftige Treiben mit Staunen. Er wunderte sich, wie seltsam es doch sei, dass eine solche Anzahl winziger Wesen ihr eigenes, den Menschen ganz unbekanntes Leben führte, als plötzlich jemand – er konnte nicht sagen wer – einen Befehl erteilte. »Hole den Kelch!«, rief der Eigentümer der unbekannten Stimme und sogleich flitzten zwei kleine Feenpagen, ganz in scharlachroter Livree, vom Tische zu einem kleinen Schrank im Felsen und kehrten taumelnd unter der Last eines überaus wertvollen Silberkelches zurück, der von schön getriebener Arbeit und innen mit Gold gefasst war. Er setzte ihn mitten auf den Tisch und unter Händeklatschen und Freudengeschrei begannen alle Feen daraus zu trinken. Der Page konnte von seinem Platz aus sehen, dass niemand Wein hineingoss und der Kelch doch ständig voll war. Sogar der Wein, der darin funkelte, blieb nicht immer derselbe, sondern jeder Elf, wenn er nach dem Fuß griff, wünschte sich den Wein, den er am liebsten mochte, und schau, im Augenblick war der Kelch voll davon.

Es wäre eine feine Sache, hätte ich den Kelch bei mir zu Haus, dachte der Page. Niemand wird mir glauben, ich sei hier gewesen, wenn ich nicht etwas vorzuweisen habe. So nahm er sich Zeit und passte auf. Plötzlich bemerkten ihn die Feen. Anstatt ärgerlich über seine Kühnheit und sein Eindringen zu sein, wie er wohl erwartete, schienen sie sehr erfreut, ihn zu sehen, und luden ihn ein, am Tische Platz zu nehmen. Aber allmählich wurden sie grob und unverschämt und spotteten über ihn, dass er damit zufrieden sei, bloßen Sterblichen zu dienen. Sie erzählten ihm, sie sähen alles, was auf dem Schlosse vorginge, und machten sich lustig über den alten Kellermeister, den der Page von ganzem Herzen liebte. Außerdem lachten sie über sein Essen und sagten, es wäre für Tiere gerade gut genug. Und wenn irgendeine neue Leckerei aufgetragen wurde von den scharlachroten Pagen, schoben sie die Schüssel zu ihm hinüber und meinten: »Koste einmal; denn solche Sachen bekommst du im Schloss doch nicht zu schmecken!«

Zuletzt konnte er ihre spöttischen Bemerkungen nicht länger mitanhören; außerdem wusste er, wenn er sich den Kelch sichern wollte, durfte er keine Zeit mehr verlieren. So sprang er plötzlich auf und fasste den Fuß fest mit der Hand: »Ich trinke euch mit Wasser zu!«, rief er und sofort verwandelte sich der rubinrote Wein in klares kaltes Wasser. Er hob den Kelch an die Lippen, aber er trank nicht davon. Mit einem plötzlichen Schwung schüttete er das Wasser über die Kerzen und im Nu war der Raum in Dunkelheit gehüllt. Er drückte den kostbaren Becher fest in die Arme, eilte zur Öffnung des Hügels, durch die er klar die Sterne schimmern sah. Es war die höchste Zeit; denn mit einem Krach schlug der Spalt hinter ihm zu. Und bald hastete er über die nasse, taubedeckte Heide, die ganze Schar der Feen auf den Fersen. Sie waren außer sich vor Ärger und nach dem schrillen Wutgeheul, das sie ausstießen, konnte sich der Page wohl denken, dass er keine Gnade von ihren Händen zu erwarten hatte, wenn sie ihn griffen. Und ihm sank der Mut; denn war er auch flink zu Fuß, so war ihm das Elfenvolk doch weit überlegen und gewann ständig an Raum. Alles schien verloren, als eine geheimnisvolle Stimme aus der Dunkelheit ertönte:

»Willst du an der Schlosstür stehn,
    musst über die schwarzen Steine am Ufer gehn!«
Es war die Stimme eines armen Sterblichen, der von den Feen gefangen
genommen war und der nicht wollte, dass ein gleiches Schicksal den
abenteuerlustigen Pagen befiel; aber das wusste der kleine Bursch
natürlich nicht. Er hatte einmal gehört, wenn jemand über den feuchten Sand ginge, über den die Wellen gerollt, so konnten ihn die Feen
nicht mehr berühren, und der geheimnisvolle Vers erinnerte ihn daran.

So wandte er sich um und stürmte keuchend ans Ufer hinunter. Seine Füße sanken tief ein in den trockenen Sand, sein Atem ging stoß-
weise und er merkte, er werde den Kampf aufgeben müssen. Aber er
riss seine Kräfte zusammen und gerade als die vorderste der Feen Hand
an ihn legen wollte, sprang er über die Wassermarke auf den festen
feuchten Sand, von dem sich die Wogen eben zurückgezogen hatten,
und da wusste er, dass er gesichert war. Das kleine Volk konnte keinen
Schritt weiter vordringen, sondern stand auf dem trockenen Sand und
kreischte vor Wut und Enttäuschung, während der siegesstolze Page
unbehelligt am Ufer entlangrannte, den köstlichen Kelch in den Armen
behände die Treppen im Felsen aufstieg und durch die Hintertür verschwand. Und noch viele, viele Jahre, lange nachdem der Page groß
und ein tüchtiger Kellermeister geworden war, blieb der wunderbare
Kelch in dem Schlosse als Zeugnis seines Abenteuers.

Hans mein Igel

Es war einmal ein Bauer, der hatte Geld und Gut genug, aber wie reich
er war, so fehlte doch etwas an seinem Glück: Er hatte mit seiner Frau
keine Kinder. Öfters, wenn er mit den anderen Bauern in die Stadt
ging, spotteten sie und fragten, warum er keine Kinder hätte. Da ward
er endlich zornig und als er nach Hause kam, sprach er: »Ich will ein

Kind haben, und sollt's ein Igel sein.« Da kriegte seine Frau ein Kind, das war oben ein Igel und unten ein Junge und als sie das Kind sah, erschrak sie und sprach: »Siehst du, du hast uns verwünscht.« Da sprach der Mann: »Was kann das alles helfen, getauft muss der Junge werden, aber wir können keine Gevatter dazu nehmen.« Die Frau sprach: »Wir können ihn nicht anders taufen als Hans mein Igel.« Als er getauft war, sagte der Pfarrer: »Der kann wegen seiner Stacheln in kein ordentliches Bett kommen.« Da ward hinter dem Ofen ein wenig Stroh zurechtgemacht und Hans mein Igel daraufgelegt. So lag er da hinter dem Ofen acht Jahre und sein Vater war seiner müde und dachte, wenn er nur stürbe; aber er starb nicht, sondern blieb da liegen. Nun trug es sich zu, dass in der Stadt ein Markt war und der Bauer wollte hingehen. Er fragte seine Frau, was er ihr mitbringen sollte. »Etwas Fleisch und ein paar Wecke«, sprach sie. Darauf fragte er die Magd, die wollte ein Paar Toffeln und Zwickelstrümpfe. Endlich sagte er auch: »Hans mein Igel, was willst du denn haben?«

»Väterchen«, sprach er, »bring mir doch einen Dudelsack mit.« Wie nun der Bauer wieder nach Haus kam, gab er der Frau, was er ihr gekauft hatte, Fleisch und Wecke, dann gab er der Magd die Toffeln und die Zwickelstrümpfe, endlich ging er hinter den Ofen und gab dem Hans mein Igel den Dudelsack. Und wie Hans mein Igel den Dudelsack hatte, sprach er: »Väterchen, geht doch vor die Schmiede und lasst mir meinen Gockelhahn beschlagen, dann will ich fortreiten und will nimmermehr wiederkommen.« Da war der Vater froh, dass er ihn loswerden sollte, und ließ ihm den Hahn beschlagen, und als er fertig war, setzte sich Hans mein Igel darauf, ritt fort, nahm auch Schweine und Esel mit, die wollt er draußen im Wald hüten. Im Wald aber musste der Hahn mit ihm auf einen hohen Baum fliegen, da saß er und hütete die Esel und Schweine und saß lange Jahre, bis die Herde ganz groß war und sein Vater wusste nichts von ihm. Wenn er aber auf dem Baum saß, blies er seinen Dudelsack und machte Musik, die war sehr schön.

Einmal kam ein König vorbeigefahren, der hatte sich verirrt, und hörte die Musik; da verwunderte er sich darüber und schickte seinen

135

Bedienten hin, er sollte sich einmal umgucken, wo die Musik herkäme. Er guckte sich um, sah aber nichts als ein kleines Tier auf dem Baum oben sitzen, das war wie ein Gockelhahn, auf dem ein Igel saß und der machte die Musik.

Da sprach der König zum Bedienten, er sollte fragen, warum er da säße und ob er nicht wüsste, wo der Weg in sein Königreich ginge. Da stieg Hans mein Igel vom Baum und sprach, er wollte den Weg zeigen, wenn der König ihm wollte verschreiben und versprechen, was ihm zuerst begegnete am königlichen Hofe, sobald er nach Hause käme. Da dachte der König: Das kann ich leicht tun, Hans mein Igel versteht's doch nicht und ich kann schreiben, was ich will. Da nahm der König Feder und Tinte und schrieb etwas auf und als es geschehen war, zeigte ihm Hans mein Igel den Weg, und er kam glücklich nach Haus. Seine Tochter aber, wie sie ihn von weitem sah, war so voll Freuden, dass sie ihm entgegenlief und ihn küsste. Da dachte er an Hans mein Igel und erzählte ihr, wie es ihm gegangen wäre und dass er einem wunderlichen Tier hätte verschreiben sollen, was ihm daheim zuerst begegnen würde und das Tier hätte auf einem Hahn wie auf einem Pferde gesessen und die schönste Musik gemacht; er hätte aber geschrieben, es sollt's nicht haben, denn Hans mein Igel könnt es doch nicht lesen. Darüber war die Prinzessin froh und sagte, das wäre gut, denn sie wäre doch nimmermehr hingegangen.

Hans mein Igel aber hütete die Esel und die Schweine, war immer lustig, saß auf dem Baum und blies auf seinem Dudelsack. Nun geschah es, dass ein anderer König gefahren kam mit seinen Bedienten und Läufern und hatte sich verirrt und wusste nicht wieder nach Haus zu kommen, weil der Wald so groß war. Da hörte er gleichfalls die schöne Musik von weitem und sprach zu seinem Läufer, was das wohl wäre, er sollte einmal zusehen. Da ging der Läufer hin unter den Baum und sah den Gockelhahn sitzen und Hans mein Igel obendrauf. Der Läufer fragte ihn, was er da oben vorhätte. »Ich hüte meine Esel und Schweine; aber was ist Euer Begehren?« Der Läufer sagte, sie hätten sich verirrt und könnten nicht wieder ins Königreich, ob er ihnen den

Weg nicht zeigen wollte. Da stieg Hans mein Igel mit dem Hahn vom Baum herunter und sagte zu dem alten König, er wolle ihm den Weg zeigen, wenn er ihm zu Eigen geben wollte, was ihm zu Haus vor seinem königlichen Schlosse als erstes begegnen würde. Der König sagte ja und unterschrieb dem Hans mein Igel, er sollte es haben. Als das geschehen war, ritt er auf dem Gockelhahn voraus und zeigte ihm den Weg und der König gelangte glücklich wieder in sein Reich. Wie er auf den Hof kam, war große Freude darüber. Nun hatte er eine einzige Tochter, die war sehr schön, die lief ihm entgegen, fiel ihm um den Hals und küsste ihn und freute sich, dass ihr alter Vater wiederkam. Sie fragte ihn auch, wo er so lange in der Welt gewesen wäre, da erzählte er ihr, er hätte sich verirrt und wäre beinahe gar nicht wiedergekommen, aber als er durch einen großen Wald gefahren wäre, hätte einer, halb wie ein Igel, halb wie ein Mensch, rittlings auf einem Hahn in einem hohen Baum gesessen und schöne Musik gemacht, der hätte ihm den Weg gezeigt, er hätte ihm dafür versprochen, was ihm am königlichen Hofe zuerst begegnete, und das wäre sie, und das täte ihm nun so Leid. Da versprach sie ihm aber, sie wollte gerne mit ihm gehen, wenn er käme, ihrem alten Vater zuliebe.

Hans mein Igel aber hütete seine Schweine und die Schweine bekamen wieder Schweine und es wurden ihrer so viel, dass der ganze Wald voll war. Da wollte Hans mein Igel nicht länger im Walde leben und ließ seinem Vater sagen, sie sollten alle Ställe im Dorf räumen, denn er käme mit einer so großen Herde, dass jeder schlachten könnte, der nur schlachten wollte. Da war sein Vater betrübt, als er das hörte, denn er dachte, Hans mein Igel wäre schon lange gestorben. Hans mein Igel aber setzte sich auf seinen Gockelhahn, trieb die Schweine vor sich her ins Dorf und ließ schlachten. Hu! Da war ein Gemetzel und ein Hacken, dass man's zwei Stunden weit hören konnte. Danach sagte Hans mein Igel: »Väterchen, lasst mir meinen Gockelhahn noch einmal vor der Schmiede beschlagen, dann reit ich fort und komme mein Lebtag nicht wieder.« Da ließ der Vater den Gockelhahn beschlagen und war froh, dass Hans mein Igel nicht wiederkommen wollte.

Hans mein Igel ritt fort in das erste Königreich, da hatte der König befohlen, wenn einer käme auf einem Hahn geritten und hätte einen Dudelsack bei sich, dann sollten alle auf ihn schießen, hauen und stechen, damit er nicht ins Schloss käme. Als nun Hans mein Igel dahergeritten kam, drangen sie mit den Bajonetten auf ihn ein, aber er gab dem Hahn die Sporen, flog auf, über das Tor hin vor des Königs Fenster, ließ sich da nieder und rief ihm zu, er sollt ihm geben, was er versprochen hätte, sonst so wollt er ihm und seiner Tochter das Leben nehmen. Da gab der König seiner Tochter gute Worte, sie möchte zu ihm hinausgehen, damit sie ihm und sich das Leben rettete. Da zog sie sich weiß an und ihr Vater gab ihr einen Wagen mit sechs Pferden und herrlichen Bedienten, Geld und Gut. Sie setzte sich hinein und Hans mein Igel mit seinem Hahn und Dudelsack neben sie, dann nahmen sie Abschied und zogen fort, und der König dachte, er kriegte sie nicht wieder zu sehen. Es ging aber anders: Als sie ein Stück Wegs von der Stadt waren, zog ihr Hans mein Igel die schönen Kleider aus und stach sie mit seiner Igelhaut, bis sie ganz blutig war, und sagte: »Das ist der Lohn für eure Falschheit, geh hin, ich will dich nicht«, und jagte sie nach Haus und sie war beschimpft ihr Lebtag.

Hans mein Igel aber ritt weiter auf seinem Gockelhahn und mit seinem Dudelsack nach dem zweiten Königreich, wo er dem König auch den Weg gezeigt hatte. Der aber hatte bestellt, wenn einer käme wie Hans mein Igel, sollten sie das Gewehr präsentieren, ihn frei hereinführen, Vivat rufen und ihn ins königliche Schloss bringen. Wie ihn nun die Königstochter sah, war sie erschrocken, weil er doch gar zu wunderlich aussah, sie dachte aber, es wäre nicht anders, sie hätte es ihrem Vater versprochen. Da ward Hans mein Igel von ihr bewillkommnet und ward mit ihr vermählt und er musste mit an die königliche Tafel gehen und sie setzte sich zu seiner Seite und sie aßen und tranken. Wie's nun Abend ward, dass sie wollten schlafen gehen, da fürchtete sie sich sehr vor seinen Stacheln; er aber sprach, sie solle sich nicht fürchten, es geschehe ihr kein Leid, und sagte zu dem alten König, er sollte vier Mann bestellen, die sollten wachen vor der Kammertür und ein großes Feuer anmachen, und wenn er in die Kammer einginge und sich ins Bett legen wollte, würde er aus seiner Igelhaut herauskriechen und sie vor dem Bett liegenlassen, dann sollten die Männer hurtig herbeispringen und sie ins Feuer werfen, auch dabeibleiben, bis sie vom Feuer verzehrt wäre. Wie die Glocke nun elfe schlug, da ging er in die Kammer, streifte die Igelhaut ab und ließ sie vor dem Bette liegen; da kamen die Männer und holten sie geschwind und warfen sie ins Feuer. Und als sie das Feuer verzehrt hatte, da war er erlöst und lag da im Bett ganz als ein Mensch gestaltet, aber er war kohlschwarz wie gebrannt. Der König schickte zu seinem Arzt, der wusch ihn mit guten Salben und balsamierte ihn, da ward er weiß und war ein schöner junger Herr. Wie das die Königstochter sah, war sie froh, und am andern Morgen stiegen sie mit Freuden auf, aßen und tranken und ward die Vermählung erst recht gefeiert und Hans mein Igel bekam das Königreich von dem alten König.

Wie etliche Jahre herum waren, fuhr er mit seiner Gemahlin zu seinem Vater und sagte, er wäre sein Sohn; der Vater aber sprach, er hätte keinen, er hätte nur einen gehabt, der wäre aber wie ein Igel mit Stacheln geboren und wäre in die Welt gegangen. Da gab er sich zu erkennen und der alte Vater freute sich und ging mit ihm in sein Königreich.

Mein Märchen ist aus
und geht vor Gustchen sein Haus.

Die sechs Diener

Vor Zeiten lebte eine alte Königin, die war eine Zauberin, und ihre Tochter war das schönste Mädchen unter der Sonne. Die Alte dachte aber auf nichts, als wie sie Menschen ins Verderben locken könnte, und wenn ein Freier kam, so sprach sie, wer ihre Tochter haben wollte, müsste zuvor einen Bund lösen oder er müsste sterben. Viele waren von der Schönheit der Jungfrau verblendet und wagten es wohl, aber sie konnten nicht vollbringen, was die Alte ihnen auferlegte und dann war keine Gnade, sie mussten niederknien und das Haupt ward ihnen abgeschlagen. Ein Königssohn, der hatte auch von der Schönheit der Jungfrau gehört und sprach zu seinem Vater: »Lasst mich hinziehen, ich will um sie werben.«

»Nimmermehr«, antwortete der König, »gehst du fort, so gehst du in deinen Tod.« Da legte der Sohn sich nieder und ward sterbenskrank und lag sieben Jahre lang und kein Arzt konnte ihm helfen. Als der Vater sah, dass keine Hoffnung mehr war, sprach er voll Herzenstraurigkeit zu ihm: »Zieh hin und versuche dein Glück, ich weiß dir sonst nicht zu helfen.« Wie der Sohn das hörte, stand er von seinem Lager auf, ward gesund und machte sich fröhlich auf den Weg.

Es trug sich zu, als er über eine Heide zu reiten kam, dass er von weitem auf der Erde etwas liegen sah wie einen großen Heuhaufen. Und wie er sich näherte, konnte er unterscheiden, dass es der Bauch eines Menschen war, der sich dahingestreckt hatte; der Bauch aber sah aus wie ein kleiner Berg. Der Dicke, wie er den Reisenden erblickte, richtete sich in die Höhe und sprach: »Wenn Ihr jemand braucht, so nehmt mich in Eure Dienste.« Der Königssohn antwortete: »Was soll ich mit einem so ungefügen Mann anfangen?« – »Oh«, sprach der Dicke, »das will nichts sagen, wenn ich mich recht auseinander tue, bin ich noch dreitausendmal so dick.«

»Wenn das so ist«, sagte der Königssohn, »so kann ich dich brauchen, komm mit mir.« Da ging der Dicke hinter dem Königssohn her, und über eine Weile fanden sie einen andern, der lag da auf der Erde und hatte das Ohr auf den Rasen gelegt. Fragte der Königssohn: »Was machst du da?« – »Ich horche«, antwortete der Mann. »Wonach horchest du so aufmerksam?« – »Ich horch nach dem, was eben in der Welt sich zuträgt, denn meinen Ohren entgeht nichts, das Gras hör ich wachsen.« Fragte der Königssohn: »Sage mir, was hörst du am Hofe der alten Königin, welche die schöne Tochter hat?« Da antwortete er: »Ich höre das Schwert sausen, das einem Freier den Kopf abschlägt.«

Der Königssohn sprach: »Ich kann dich brauchen, komm mit mir.«
Da zogen sie weiter und sahen auf einmal ein paar Füße daliegen und
auch etwas von den Beinen, aber das Ende konnten sie nicht sehen. Als
sie eine gute Strecke fortgegangen waren, kamen sie zu dem Leib und
endlich auch zu dem Kopf. »Ei«, sprach der Königssohn, »was bist du
für ein langer Strick!« – »Oh«, antwortete der Lange, »das ist noch gar
nichts, wenn ich meine Gliedmaßen erst recht ausstrecke, bin ich noch
dreitausendmal so lang und bin größer als der höchste Berg auf Erden.
Ich will Euch gern dienen, wenn Ihr mich annehmen wollt.« – »Komm
mit«, sprach der Königssohn, »ich kann dich brauchen.« Sie zogen weiter und fanden einen am Weg sitzen, der hatte die Augen zugebunden.
Sprach der Königssohn zu ihm: »Hast du blöde Augen, dass du nicht in
das Licht sehen kannst?« – »Nein«, antwortete der Mann, »ich darf die
Binde nicht abnehmen, denn was ich mit meinen Augen ansehe, das
springt auseinander, so gewaltig ist mein Blick. Kann Euch das nützen,
so will ich Euch gern dienen.« – »Komm mit«, antwortete der Königssohn, »ich kann dich brauchen.« Sie zogen weiter und fanden einen
Mann, der lag mitten im heißen Sonnenschein und zitterte und fror am
ganzen Leibe, so dass ihm kein Glied still stand. »Wie kannst du frieren«, sprach der Königssohn, »und die Sonne scheint so warm?« –
»Ach«, antwortete der Mann, »meine Natur ist ganz anderer Art, je
heißer es ist, desto mehr frier ich, und der Frost dringt mir durch alle
Knochen; und je kälter es ist, desto heißer wird mir; mitten im Eis kann
ich's vor Hitze und mitten im Feuer vor Kälte nicht aushalten.« – »Du
bist ein wunderlicher Kerl«, sprach der Königssohn, »aber wenn du
mir dienen willst, so komm mit.« Nun zogen sie weiter und sahen einen Mann stehen, der machte einen langen Hals, schaute sich um und
schaute über alle Berge hinaus. Sprach der Königssohn: »Wonach
siehst du so eifrig?« Der Mann antwortete: »Ich habe so helle Augen,
dass ich über alle Wälder und Felder, Täler und Berge hinaus und durch
die ganze Welt sehen kann.« Der Königssohn sprach: »Willst du, so
komm mit mir, denn so einer fehlte mir noch.« Nun zog der Königssohn mit seinen sechs Dienern in die Stadt ein, wo die alte Königin

lebte. Er sagte nicht, wer er sei, aber er sprach: »Wollt Ihr mir Eure schöne Tochter geben, so will ich vollbringen, was Ihr mir auferlegt.« Die Zauberin freute sich, dass ein so schöner Jüngling wieder in ihre Netze fiel und sprach: »Dreimal will ich dir einen Bund aufgeben, lösest du ihn jedesmal, so sollst du der Herr und Gemahl meiner Tochter werden.« – »Was soll das Erste sein?«, fragte er. »Dass du mir einen Ring herbeibringst, den ich ins Rote Meer habe fallen lassen.« Da ging der Königssohn heim zu seinen Dienern und sprach: »Der erste Bund ist nicht leicht, ein Ring soll aus dem Roten Meer geholt werden, nun schafft Rat.« Da sprach der mit den hellen Augen: »Ich will sehen, wo er liegt«, schaute in das Meer hinab und sagte: »Dort hängt er an einem spitzen Stein.« Der Lange trug sie hin und sprach: »Ich wollte ihn wohl herausholen, wenn ich ihn nur sehen könnte.« »Wenn's weiter nichts ist!«, rief der Dicke, legte sich nieder und hielt seinen Mund ans Wasser; da fielen die Wellen hinein wie in einen Abgrund und er trank das ganze Meer aus, dass es trocken ward wie eine Wiese. Der Lange bückte sich ein wenig und holte den Ring mit der Hand heraus.

Da ward der Königssohn froh, als er den Ring hatte, und brachte ihn der Alten. Sie erstaunte und sprach: »Ja, es ist der rechte Ring; den ersten Bund hast du glücklich gelöst, aber nun kommt der zweite. Siehst du, dort auf der Wiese vor meinem Schlosse, da weiden dreihundert fette Ochsen, die musst du mit Haut und Haar, Knochen und Hörnern verzehren; und unten im Keller liegen dreihundert Fässer Wein, die musst du dazu austrinken; und bleibt von den Ochsen ein Haar und von dem Wein ein Tröpfchen übrig, so ist mir dein Leben verfallen.« Sprach der Königssohn: »Darf ich mir keine Gäste dazu laden? Ohne Gesellschaft schmeckt keine Mahlzeit.« Die Alte lachte boshaft und antwortete: »Einen darfst du dir dazu laden, damit du Gesellschaft hast, aber weiter keinen.« Da ging der Königssohn zu seinen Dienern und sprach zu dem Dicken: »Du sollst heute mein Gast sein und dich einmal satt essen.« Da tat sich der Dicke voneinander und aß die dreihundert Ochsen, dass kein Haar übrig blieb, und fragte, ob weiter nichts als das Frühstück da wäre; den Wein aber trank er gleich aus den

Fässern, ohne dass er ein Glas nötig hatte, und trank den letzten Tropfen vom Nagel herunter. Als die Mahlzeit zu Ende war, ging der Königssohn zur Alten und sagte ihr, der zweite Bund sei gelöst. Sie verwunderte sich und sprach: »So weit hat's noch keiner gebracht, aber es ist noch ein Bund übrig«, und dachte: Du sollst mir nicht entgehen und wirst deinen Kopf nicht oben behalten.

»Heut Abend«, sprach sie, »bring ich meine Tochter zu dir in deine Kammer und du sollst sie mit deinem Arm umschlingen; und wenn ihr da beisammen sitzt, so hüte dich, dass du nicht einschläfst; ich komme Schlag zwölf Uhr und ist sie dann nicht mehr in deinen Armen, so hast du verloren.« Der Königssohn dachte: Der Bund ist leicht, ich will wohl meine Augen offen behalten, doch rief er seine Diener, erzählte ihnen, was die Alte gesagt hatte und sprach: »Wer weiß, was für eine List dahinter steckt, Vorsicht ist gut, haltet Wache und sorgt, dass die Jungfrau nicht wieder aus meiner Kammer kommt.« Als die Nacht einbrach, kam die Alte mit ihrer Tochter und führte sie in die Arme des Königssohns, und dann schlug sich der Lange um sie beide in einem Kreis und der Dicke stellte sich vor die Türe, also dass keine lebende Seele herein konnte. Da saßen sie beide und die Jungfrau sprach kein Wort, aber der Mond schien durchs Fenster auf ihr Angesicht, dass er ihre wunderbare Schönheit sehen konnte. Er tat nichts anderes als sie anschauen, war voll Freude und Liebe, und es kam keine Müdigkeit in seine Augen. Das dauerte bis elf Uhr, da warf die Alte einen Zauber über alle, dass sie einschliefen, und in dem Augenblick war auch die Jungfrau entrückt.

Nun schliefen sie hart bis ein Viertel vor zwölf, da war der Zauber kraftlos und sie erwachten alle wieder. »O Jammer und Unglück«, rief der Königssohn, »nun bin ich verloren!« Die treuen Diener fingen auch an zu klagen, aber der Horcher sprach: »Seid still, ich will horchen.« Da horchte er einen Augenblick und dann sprach er: »Sie sitzt in einem Felsen dreihundert Stunden von hier und bejammert ihr Schicksal. Du allein kannst helfen, Langer, wenn du dich aufrichtest, so bist du mit ein paar Schritten dort.«

»Ja«, antwortete der Lange, »aber der mit den schärfsten Augen muss mitgehen, damit wir den Felsen wegschaffen.« Da huckte der Lange den mit den verbundenen Augen auf, und im Augenblick, wie man eine Hand umwendet, waren sie vor dem verwünschten Felsen. Alsbald nahm der Lange dem andern die Binde von den Augen, der sich nur umschaute, so zersprang der Felsen in tausend Stücke. Da nahm der Lange die Jungfrau auf den Arm, trug sie in einem Nu zurück, holte ebenso schnell auch noch seinen Kameraden, und eh es zwölfe schlug, saßen sie alle wieder wie vordem und waren munter und guter Dinge.

Als es zwölf schlug, kam die alte Zauberin herbeigeschlichen, machte ein höhnisches Gesicht, als wollte sie sagen: »Nun ist er mein!«, und glaubte, ihre Tochter säße dreihundert Stunden weit im Felsen. Als sie aber ihre Tochter in den Armen des Königssohns erblickte, erschrak sie und sprach: »Das ist einer, der kann mehr als ich.« Aber sie durfte nichts einwenden und musste ihm die Jungfrau zusagen. Da sprach sie ihr ins Ohr: »Schande für dich, dass du gemeinem Volk gehorchen sollst und dir einen Gemahl nicht nach deinem Gefallen wählen darfst.«

Da war das stolze Herz der Jungfrau mit Zorn erfüllt und sann auf Rache. Sie ließ am andern Morgen dreihundert Malter Holz zusammenfahren und sprach zu dem Königssohn, die drei Bünde seien gelöst, aber sie würde nicht eher seine Gemahlin werden, bis einer bereit wäre, sich mitten in das Holz zu setzen und das Feuer auszuhalten. Sie dachte, keiner seiner Diener würde sich für ihn verbrennen und aus Liebe zu ihr würde er sich selber hineinsetzen und dann wäre sie frei. Die Diener aber sprachen: »Wir haben alle etwas getan, nur der Frostige nicht, der muss auch daran«, setzten ihn mitten auf den Holzstoß und steckten ihn an. Da begann das Feuer zu brennen und brannte drei Tage, bis alles Holz verzehrt war, und als die Flammen sich legten, stand der Frostige mitten in der Asche, zitterte wie Espenlaub und sprach: »Einen solchen Frost hab ich mein Lebtag nicht ausgehalten und wenn er länger gedauert hätte, so wäre ich erstarrt.«

Nun war keine Aussicht mehr zu finden, die schöne Jungfrau musste den unbekannten Jüngling zum Gemahl nehmen.

Als sie aber nach der Kirche fuhren, sprach die Alte: »Ich kann die
Schande nicht ertragen«, und schickte ihr Kriegsvolk nach, das sollte
alles niedermachen, was ihm vorkäme, und ihr die Tochter zurückbrin-
gen.

Der Horcher aber hatte die Ohren gespitzt und die heimlichen Reden der Alten vernommen. »Was fangen wir an?«, sprach er zu dem
Dicken, aber der wusste Rat, spie einmal oder zweimal hinter dem Wagen von dem Meerwasser aus, das er getrunken hatte, da entstand ein
großer See, worin die Kriegsvölker steckenblieben und ertranken.

Als die Zauberin das vernahm, schickte sie ihre geharnischten Reiter, aber der Horcher hörte das Rasseln ihrer Rüstung und band dem
einen die Augen auf, der guckte die Feinde ein bisschen scharf an, da
sprangen sie auseinander wie Glas. Nun fuhren sie ungestört weiter
und als die beiden in der Kirche eingesegnet waren, nahmen die sechs
Diener ihren Abschied und sprachen zu ihrem Herrn: »Eure Wünsche
sind erfüllt, Ihr habt uns nicht mehr nötig, wir wollen weiterziehen
und unser Glück versuchen.«

Eine halbe Stunde vor dem Schloss war ein Dorf, vor dem hütete ein
Schweinehirt seine Herde; wie sie dahin kamen, sprach er zu seiner
Frau: »Weißt du auch recht, wer ich bin? Ich bin kein Königssohn, sondern ein Schweinehirt, und der mit der Herde dort, das ist mein Vater;
wir zwei müssen auch daran und ihm helfen hüten.«

Dann stieg er mit ihr in dem Wirtshaus ab und sagte heimlich zu den
Wirtsleuten, in der Nacht sollten sie ihr die königlichen Kleider weg-
nehmen.

Wie sie nun am Morgen aufwachte, hatte sie nichts anzutun, und die
Wirtin gab ihr einen alten Rock und ein paar wollene Strümpfe, dabei
tat sie noch, als sei's ein großes Geschenk und sprach: »Wenn nicht Euer Mann wäre, hätt ich's Euch gar nicht gegeben.« Da glaubte sie, er sei
wirklich ein Schweinehirt und hütete mit ihm die Herde und dachte:
Ich habe es verdient mit meinem Übermut und Stolz. Das dauerte acht

145

Tage, da konnte sie es nicht mehr aushalten, denn die Füße waren ihr wund geworden. Da kamen ein paar Leute und fragten, ob sie wüsste, wer ihr Mann wäre. »Ja«, antwortete sie, »er ist ein Schweinehirt und ist eben ausgegangen, mit Bändern und Schnüren einen kleinen Handel zu treiben.« Sie sprachen aber: »Kommt einmal mit, wir wollen Euch zu ihm hinführen«, und brachten sie ins Schloss hinauf; und wie sie in den Saal kam, stand ihr Mann in königlichen Kleidern. Sie erkannte ihn aber nicht, bis er ihr um den Hals fiel, sie küsste und sprach: »Ich habe so viel für dich gelitten, da hast du auch für mich leiden sollen.« Nun ward erst die Hochzeit gefeiert und der's erzählt hat, wollte, er wäre auch dabeigewesen.

Das dithmarsische Lügenmärchen

Ich will euch etwas erzählen. Ich sah zwei gebratene Hühner fliegen, sie flogen schnell und hatten die Bäuche gen Himmel gekehrt, die Rücken nach der Hölle, und ein Amboss und ein Mühlstein schwammen über den Rhein, fein langsam und leise, und ein Frosch saß und fraß eine Pflugschar zu Pfingsten auf dem Eis. Da waren drei Kerle, wollten einen Hasen fangen, gingen auf Krücken und Stelzen, der eine war taub, der zweite blind, der dritte stumm und der vierte konnte keinen Fuß rühren. Wollt ihr wissen, wie das geschah? Der Blinde, der sah zuerst den Hasen übers Feld traben, der Stumme rief dem Lahmen zu und der Lahme fasste ihn beim Kragen. Etliche, die wollten zu Land segeln und spannten die Segel im Wind und schifften über große Äcker hin: Sie segelten über einen hohen Berg und mussten elendig ersaufen. Ein Krebs jagte einen Hasen in die Flucht und hoch auf dem Dach lag eine Kuh, die war hinaufgestiegen. In dem Land sind die Fliegen so groß als hier die Ziegen. Mache das Fenster auf, damit die Lügen hinausfliegen.

Das Märchen vom Schlauraffenland

In der Schlauraffenzeit da ging ich und sah: An einem kleinen Seidenfaden hingen Rom und der Lateran und ein fußloser Mann, der überlief ein schnelles Pferd, und ein bitterscharfes Schwert, das durchhieb eine Brücke.

Da sah ich einen jungen Esel mit einer silbernen Nase, der jagte hinter zwei schnellen Hasen her, und eine Linde, die war breit, auf der wuchsen heiße Fladen. Da sah ich eine alte dürre Geiß, trug wohl hundert Fuder Schmalzes an ihrem Leibe und sechzig Fuder Salzes. Ist das nicht gelogen genug?

Da sah ich ackern einen Pflug ohne Ross und Rinder und ein einjähriges Kind warf vier Mühlsteine von Regensburg bis nach Trier und von Trier hinein nach Straßburg, und ein Habicht schwamm über den Rhein: Das tat er mit vollem Recht. Da hört ich Fische miteinander Lärm anfangen, dass es in den Himmel hinauf scholl, und ein süßer Honig floss wie Wasser von einem tiefen Tal auf einen hohen Berg; das waren seltsame Geschichten.

Da waren zwei Krähen, mähten eine Wiese, und ich sah zwei Mücken an einer Brücke bauen, und zwei Tauben zerrupften einen Wolf, zwei Kinder, die wurden zwei Zicklein, aber zwei Frösche droschen miteinander Getreide aus. Da sah ich zwei Mäuse einen Bischof weihen, zwei Katzen, die einem Bären die Zunge auskratzten. Da kam eine Schnecke gerannt und erschlug zwei wilde Löwen. Da stand ein Bartscherer, schor einer Frau ihren Bart ab, und zwei säugende Kinder hießen ihre Mutter stillschweigen.

Da sah ich zwei Windhunde, die brachten eine Mühle aus dem Wasser getragen, und eine alte Schindmähre stand dabei, die sprach, es sei recht. Und im Hof standen vier Rosse, die droschen Korn aus allen Kräften, und zwei Ziegen, die den Ofen heizten, und eine rote Kuh schoss das Brot in den Ofen. Da krähte ein Huhn: »Kikeriki, das Märchen ist auserzählet, kikeriki.«

Der Dreschflegel vom Himmel

Es zog einmal ein Bauer mit einem Paar Ochsen zum Pflügen aus. Als er auf den Acker kam, da fingen den beiden Tieren die Hörner an zu wachsen, wuchsen fort, und als er nach Haus wollte, waren sie so groß, dass er nicht mit ihnen zum Tor hinein konnte. Zum guten Glück kam gerade ein Metzger daher, dem überließ er sie, und sie schlossen den Handel dergestalt, dass er sollte dem Metzger ein Maß Rübsamen bringen, der wollte ihm dann für jedes Korn einen Brabanter Taler aufzählen. Das heiß ich gut verkauft!

Der Bauer ging nun heim und trug das Maß Rübsamen auf dem Rücken herbei. Unterwegs verlor er aber aus dem Sack ein Körnchen. Der Metzger bezahlte ihn, wie gehandelt war, richtig aus. Hätte der Bauer das Korn nicht verloren, so hätte er einen Brabanter Taler mehr gehabt.

Indessen, wie er wieder des Weges zurückkam, war aus dem Korn ein Baum gewachsen, der reichte bis an den Himmel. Da dachte der Bauer, weil die Gelegenheit da ist, musst du schon sehen, was die Engel da droben machen, und ihnen einmal unter die Augen gucken. Also stieg er hinauf und sah, dass die Engel oben Hafer droschen und schaute das mit an.

Wie er so schaute, merkte er, dass der Baum, worauf er stand, anfing zu wackeln, guckte hinunter und sah, dass ihn eben einer umhauen wollte. Wenn du da herabstürztest, das wäre ein böses Ding, dachte er, und in der Not wusste er sich nicht besser zu helfen, als dass er die Spreu vom Hafer nahm, die haufenweise dalag, und daraus einen Strick drehte. Auch griff er nach einer Hacke und einem Dreschflegel, die da im Himmel herumlagen, und ließ sich an dem Seil herunter. Er kam aber unten auf der Erde gerade in ein tiefes, tiefes Loch, und da war es rechtes Glück, dass er die Hacke hatte. Denn er hackte sich damit eine Treppe, stieg in die Höhe und brachte den Dreschflegel zum Wahrzeichen mit, sodass niemand mehr an seiner Erzählung zweifeln konnte.

Lügenmärchen

Ein finnisches Märchen

Wir hatten einen Herrn, der war ein Geizhals. Er aß sich bei andern satt, aber selbst lud er niemand ein. Wenn er zu Mittag aß, stand ein Wächter an der Tür und passte auf, dass niemand hereinkam.

Nun gaben sie in einem andern Gehöft ein Gastmahl, wozu auch er eingeladen war. Vier, fünf Herren saßen zusammen und überlegten, wie sie ihn zum Besten haben könnten. Wenn sie ihm nur eine Schüssel voll wegschnappten!

Da sagte der Lakai, der hinter seinem Herrn stand: »Ich will ihn zum Besten haben, lieber Herr.« Und der Herr sprach zum Lakaien: »Wenn du's kannst, sollst du hundert Taler haben, aber wenn du's nicht kannst, bekommst du hundert Rutenstreiche.« Der Lakai sprach: »Lasst den Herrn herkommen und sagt zu ihm: ›Mein Bursch will Euch zum Besten haben!‹ Dabei wettet um dreihundert Rubel.« Sie riefen den Herrn und sagten zu ihm: »Der Bursch hier will Euch zum Besten haben.« Da sprach der Herr: »Das wird ihm nicht gelingen«, und machte vor allen die Wette! Es war aber so verabredet, dass er nicht sagen durfte: »Das ist nicht wahr!«

Nun, der Lakai begann: »Mein Vater hatte drei Söhne, da ich der älteste davon war, habe ich von meinem Vater nichts bekommen als einen klapprigen Gaul. Ein Beil hatte ich selbst. Ich steckte das Beil in den Gürtel und ging hin, um nach meinem Pferd zu sehen. Das Pferd wollte sich losreißen. Ich guckte, da hatten die Wölfe das halbe Pferd aufgefressen. Da griff ich zu meinem Beil, schlug einen Wolf tot, nahm sein Fleisch und drückte es dem Pferde an. Es klebte fest und das Pferd wurde wieder gesund.« Da fragte er den Herrn: »Glaubt Ihr das?« – »Ja«, sagte der Herr.

»Dann ritt ich nach dem Wald, das Pferd fing an, langsam zu gehen, schließlich konnte es nicht mehr vom Fleck. Ich sah hinter mich, da wuchs dem Pferd aus dem Hinterteil ein Baum, so lang, dass der Gipfel bis in den Himmel reichte. Ich kletterte an dem Baum in die Höhe und kletterte so lange, bis ich im Himmel war.« Wieder fragte er den Herrn: »Glaubt Ihr das?« – »Ja«, sagte der Herr.

»Dort habe ich den und den gesehen«, erzählte der Lakai. Der Herr fragte: »Hast du auch meinen Vater gesehen?« – »Ei, freilich!« – »Was macht er denn dort?« – »Er hütet die Schweine.« Da sagte der Herr: »Du hast mich zum Besten.« Und der Lakai rief: »Das Geld ist mein, ich habe ihn zum Besten gehabt.« Der Herr redete dagegen, aber die andern standen auf der Seite des Lakaien. Da war nichts zu machen. Die Wette musste er zahlen – dreihundert Rubel.

Vom Bauern, der gewandt zu lügen verstand

Es war einmal ein Zar, der hörte nichts so gern als grobe Lügereien. Er legte einen Haufen Geld auf den Tisch und sein Schwert daneben. Nun musste einer drauflos erzählen. Rief der Zar plötzlich: »Du lügst!«, dann durfte der Erzähler sich das Gold nehmen. Kam aber der Zar nicht dazu, sich zu vergessen und seinen Ausruf zu tun, dann hieß es: »Kopf herunter!«

Ein Bauer, dem es schlecht ging und der darum Geld nötig hatte, wollte sich das Gold verdienen und ließ sich beim Zaren melden. Gerade war eine große Abendgesellschaft versammelt. Als der Bauer die glänzenden Uniformen sah, wollte er am liebsten umkehren. Aber er hatte sich Mut angetrunken und außerdem ließ der Zar schon das Gold auf den Tisch schütten. So blieb er und musste sich dem Zaren gegenübersetzen.

Gleich fing er an: »Heute früh fuhr ich mit dem Pflug auf dem Acker. Mein Pferd wurde schwach und ich spannte es aus. Da brach es

in zwei Hälften auseinander. Das Vorderteil lief davon, das Hinterteil blieb stehen und wieherte.« Alle riefen: »Gelogen!« Der Zar aber sah den Bauern an und sagte: »Ein Bauer ist schlau, ein Bauer bringt manches fertig.«

Dem Bauern begann das Herz zu klopfen. Aber er behielt ein ganz ruhiges Gesicht und erzählte weiter: »Ich trieb das Hinterteil zum Vorderteil hin, nähte sie aneinander und keilte die Naht mit einem Stecken hin. Als ich die Augen wieder aufmachte, war der Knüppel auf meinem Pferde zu einem Baum hochgewachsen. Aber nicht nur so hoch wie dieser Saal, auch nicht so hoch wie die höchste Kirche, sondern bis in den Himmel hinein.« Da riefen alle: »Gelogen!« Aber der Zar legte den Kopf schief, sah den Bauern an und sagte: »Warum? So ein Bauer bringt manches fertig.«

Dem Bauern brach der Schweiß auf der Stirne aus. Er strich mit der Hand seine Haare darüber, dass man es nicht sehen sollte, und erzählte weiter: »Na, da fasste ich den Stamm an und kletterte daran in die Höhe. Immer höher, der Wind trug mir die Mütze fort und die Vögel stießen nach meinen Augen. Aber ich konnte mich doch mit einem Satz in den Himmel hineinschwingen.« Alle fragten: »Hast du auch Gottvater gesehen?« – »Wieso denn nicht?«, sagte der Bauer. »Was machte er denn da oben?« – »Er spielte mit den Aposteln Karten und trank grünen Schnaps dazu.« Alle riefen: »Gelogen! Das tut Gottvater nicht.« Der Zar aber sagte: »Warum nicht? Ich spiele ja auch mit euch Karten. Das ist alles möglich.«

Dem Bauer lief der Schweiß hinter den Ohren hinunter, er fasste aber wieder Mut und erzählte weiter: »Na, es wurde Abend, was sollte ich lange da herumlaufen? Ich musste heim, das Pferd wieder anspannen. Aber, verflucht! Meine Weide war verdorrt und abgebrochen. Da sah ich einen Mann unten auf der Erde Hafer auf ein Sieb schütten. Die Spreu flog bis zu mir in den Himmel hinauf. Ich, nicht faul, fing sie auf und drehte mir gleich ein Seil daraus.« Alle schrien: »Aus Spreu ein Seil? Gelogen!« – »Warum nicht?«, sagte der Zar, »ein Bauer kann viel.«

Dem Bauern begannen die Ohren zu sausen. Er hörte seine eigenen Worte wie von fern. Aber er schien ganz ruhig dazusitzen und erzählte weiter: »Dieses Seil nahm ich und band es an den Himmel fest. Dann ließ ich mich hinunter. Aber, Teufel auch! Es war zu kurz. Ich blieb in Kirchturmshöhe über der Erde hängen. Da schnitt ich das Seil oben ab und knotete es unten wieder an.« Alle sprangen auf und schrien: »Gelogen! Gelogen!« Der Zar trank. »Wieso denn, ein Bauer kann viel.«

Dem Bauern strömte der Schweiß wie ein Sturzbach über den Rücken. »Immer noch zu kurz war das Seil. Ich wollte nicht mehr lange Umstände machen und schwupp, sprang ich einfach ab. Ich fiel in ein frisch gepflügtes Feld und bis zum Hals in die Erde. Auf keine Weise konnte ich herauskommen. Da ging ich in mein Haus, holte meinen Spaten und grub mich frei.« Alle stampften und warfen den Tisch um: »Was? Freigraben, wenn er bis zum Hals im Morast steckt? Warum einen Spaten holen, wenn er gehen kann? Gelogen!« Der Zar aber sah den Bauer ganz ruhig an. »So ein Bauer kann viel.«

Da dachte der Bauer, die Beine brächen ihm ab vor Schwäche, obwohl er saß. Jetzt fasste er den letzten Mut: »Na, ich war voll Schmutz über und über. Ich ging also zum Bach, um mich zu waschen. Da saß ein Mann und hütete Schweine. ›Guten Tag, Schäfer‹, sagte ich; da sagte er: ›Ich bin doch kein Schäfer, ich bin doch des Zaren Vater.‹« – »Gelogen! Gelogen!«, rief der Zar. »Was ist das für ein verlogenes Zeug! Mein Vater hütet doch keine Schweine.« Der Bauer trank sein Glas aus, lachte und ging davon, die Taschen schwer voll Gold.

Ein Wort an die Eltern und Erzieher der kleinen Märchenfreunde

Es ist eine altbekannte Tatsache, dass vielgebrauchte Dinge sich mit der Zeit abnutzen, ihren Glanz verlieren und wieder aufpoliert werden müssen. Wenig gebrauchte Dinge dagegen stauben ein oder setzen eine Schimmelschicht an, sodass sie an Ansehen und Geschmack einbüßen. Das gilt für materielle Dinge, aber ebenso für geistige. Zum Beispiel für das Märchen.

Wenn wir heute das Wort Märchen hören, so verbinden sich damit ganz bestimmte Vorstellungen. Die Kinderzeit taucht auf – Bilder von Ludwig Richter, auf denen der Großmutter zu Füßen eine Kinderschar sitzt und den »lieben, alten« Geschichten lauscht. Kurz, eine vergangene, kleinbürgerliche Welt, die es heute nicht mehr gibt in dieser Form, wie ja auch die Großmütter im Lehnstuhl mit Brille und Häubchen ausgestorben sind.

Vieles ist anders geworden in unserer modernen Welt und Altes wird mit anderen Augen gesehen, aber die Staub- und Schimmelschicht über den Märchen ist noch nicht weggeblasen. Heute noch leben die Märchen in unserem Bewusstsein als Kindergeschichten, die man bedenkenlos in die Hand der Kinder gibt, während sich die Heranwachsenden – oft sogar schon die Zehnjährigen – darüber erhaben dünken. Für die Erwachsenen kommen sie als Lektüre nicht in Frage, es sei denn für Gelehrte, die im Märchen einen Gegenstand ihrer wissenschaftlichen Forschung sehen, was aber nur einen begrenzten Kreis interessiert.

Früher – und viele Jahrhunderte hindurch – haben die Märchen in allen Schichten der Bevölkerung gelebt und waren von Alt und Jung, von Groß und Klein gefragt und geliebt. In einer Zeit, in der noch viele unkundig des Lesens und Schreibens waren, bildeten sie den Ersatz für Bücher, Zeitungen, Magazine, Radio und Fernsehen. – Sie waren kein schlechter Ersatz – diese erzählten Geschichten mit dem Namen »Märchen«, denn sie erforderten weit mehr Anteilnahme, Aktivität und eigene Fantasie vom Erzähler und vom Zuhörer als alle bequemen Errungenschaften der Zivilisation, die eher den Geist und die Fantasie einschläfern und abstumpfen als sie beschwingen.

Es gibt ein lustiges irisches Märchen von dem jungen Mann, der in keiner Gesellschaft gern gesehen wurde, weil er weder ein Lied noch ein Rätsel noch ein Märchen wusste. Man erwartete von jedem eine gewisse geistige Produktivität, während unsere moderne Gesellschaft den Konsumenten heranzieht, der es sich geistig so bequem wie möglich macht.

Als Märchen noch in der gesprochenen, nicht in der gedruckten Form weitergegeben wurden, wurde durchaus nicht nur von lauter kindlichen Dingen gesprochen, sondern es war die Rede von allem, was der Tag mit sich brachte, was die Herzen bewegte, von ernsten und feundlichen Erlebnissen, heiteren und erregenden Ereignissen. Da wurde mancherlei erzählt, was für Kinderohren nicht taugte. Erzählt wurde ja auch vor allem am Abend, wenn die Kinder schliefen. Da hörte man viel nachbarlichen Klatsch und Tratsch, da gab es böses Geflüster über das Mädchen mit seinem Burschen, über die Frau am Bach, die das Vieh behexte, über unheimliche Schatten, die vor dem Küster über die Turmtreppe huschten oder die Heimkehrer erschreckten, die aus dem Wirtshaus kamen. Da gab es aufregende Geschichten von Räubereien, Überfall und Mord, die prickelnden Schauer auslösten.

Damit sind wir bei der berüchtigten Grausamkeit der Märchen, die dazu geführt hat, dass manche das Märchen ganz aus der Kinderstube verbannen wollten. Ja, es gibt grausame Märchen, aber sie sind nicht grausamer als das Leben selbst. Die Märchen sind keine Verniedlichung und Schönfärbung des Daseins, sondern sie sind Spiegelbild des Lebens und der Menschen mit allen guten und bösen Seiten. Die unheimlichen und grausamen Märchen – z.B. die Blaubartgeschichten – dienten der Sensationslust der Erwachsenen: Sie hat es zu allen Zeiten gegeben und sie wird es immer geben. Sie waren nicht für Kinder bestimmt und man sollte sie auch von Kindern fern halten. Sie stehen aber in allen Sammlungen und man lässt sie die Kinder lesen, denn unsere märchenfremde Zeit hält eben alles, was Märchen heißt, für Kindergeschichten.

Seltsam aber ist, dass die Kinder – einige sensible ausgenommen – solche Geschichten ganz ungerührt hinnehmen, ohne zu erschrecken. Das hat seine Gründe einmal in der Natur des Kindes, das die Realität des Bösen und Grausamen noch nicht erlebt hat und sie sich nicht vorstellen kann, zum andern aber in der Natur des Märchens, das zwar das Böse und Grausame nennt, aber es nicht beschreibt, nicht ausspinnt, keine Details gibt und auch nicht die Angst oder den Schmerz des Betroffenen ausmalt. Großmutter und Rotkäppchen schreien nicht, wenn der Wolf sie verschlingt, der Wolf spürt nichts und blutet nicht, wenn ihm der Bauch aufgeschlitzt wird, die böse Königin tanzt lautlos auf glühenden Kohlen. So wird auch nichts Gefährliches im Kind geweckt, aber sein Gerechtigkeitsgefühl wird angesprochen, denn immer wird der Gute belohnt und der Böse bestraft. Das findet das Kind in Ordnung. Jedenfalls wird Kindern, die gedankenlose Erwachsene vor den Bildschirm setzen, von Abenteuer- und Gangsterfilmen weit Schädlicheres angetan. Das Kind wird keinen Schaden an seiner Seele nehmen, wenn es Märchen liest, die über sein Auffassungsvermögen gehen; es hat auch keinen Nutzen von ihnen und vergisst sie wieder. Frage sich doch jeder selber, an wie viele Märchen er sich denn aus seiner Kinderzeit erinnert. Wenn es ein Dutzend sind, dann ist es viel, und immer sind es die altbekannten, nämlich die echten Kindergeschichten, alle anderen – allein die Brüder Grimm haben ein paar hundert gesammelt – werden vergessen. Und da die erwachsenen Leser nicht mehr zum Märchen greifen, bleibt es ungenutzt; und das ist schade, denn die meisten Geschichten würden erst jetzt verstanden – sie bleiben ungenutzt, so wie sie in der Kindheit durch falschen Gebrauch abgenutzt wurden.

Für die »Märchentruhe« wurden Märchen ausgesucht, die die Herausgeberin, die als Erzählerin seit mehr als fünfzig Jahren mit den Märchen aller Völker lebt, für echte Kindergeschichten hält. Zu allen Zeiten wurden den Kindern erzählt: Geschichtchen zum Lachen und

Geschichtchen zum Nachdenken, den Größeren anspruchsvollere Märchen – lustige und ernste. Es stehen auch einige Geschichten in diesem Buch, deren Tiefe oder deren Witz erst der Erwachsene voll versteht; sie lassen auch schon im Kind Saiten anklingen, deren ganze Melodie es erst später vernimmt. Wichtig aber ist, dass das Kind erfährt, dass es viele, viele Märchen gibt, die es erst später kennenlernen und verstehen wird, und dass sich alle Völker Märchen erzählen oder erzählt haben. Später wird es begreifen, dass man durch nichts schneller und unmittelbarer ein Volk kennen und verstehen lernt als durch seine Märchen.

Alte Dinge hervorzuholen ist sinnvoll, wenn dabei etwas Neues entdeckt wird, wenn der Entdecker sie blankputzt, sie von Vorurteilen befreit, sie nicht als verstaubte Museumsstücke weitergibt, sondern als neue lebendige Wirklichkeit.

Die Märchentruhe möchte den Eltern und Erziehern die Auswahl erleichtern. Sie möchte ihnen die bunte Vielfalt der Märchen zeigen und sie anregen, aus der Fülle der Märchen selber noch andere Kindergeschichten zu finden. Ein einzelner Band kann der Überfülle des Materials, dem Reichtum und der Vielfältigkeit der Märchenwelt nicht gerecht werden. Er kann aber Lust machen zu eigenen Entdeckungen. Schließlich können ja nur die Erzieher beurteilen, was für ihr Kind passend ist. Wichtig ist, dass die Kinder nicht mit Lesestoff überfüttert werden, denn das führt zum flüchtigen Lesen und zum Stoffhunger, nicht aber zum Hunger nach geistiger Nahrung, der ständig wachsen und den Menschen durchs Leben begleiten soll.

Vilma Mönckeberg-Kollmar
Nachwort zur ersten Auflage der »Märchentruhe« 1968

Nachwort zur Neuausgabe

Vilma Mönckeberg (1892 bis 1985) gehört zu den großen Mächenerzählerinnen, die nach dem ersten Weltkrieg die Märchen neu entdeckt haben. Sie hat diese Geschichten nicht als Lesetexte verstanden, sondern als Wort-Dokumente, die den Stimmklang verlangen. Sind sie doch ursprünglich nicht »Schreibe«, sondern gesprochene Sprache gewesen, die man einander zu-gesprochen hat.

Wenn Vilma Mönckeberg erzählte, wurde jedes Märchen ein Kunstwerk für sich. Denn sie hat an den als Texten in Büchern vorgefundenen Märchen so gearbeitet wie an der Lyrik Hölderlins oder Rilkes, die auch gesprochen werden will. Märchen galten ihr als Dichtung, die sie für ihre Zuhörer erklingen lassen wollte. Sie hörte nämlich den »Klangleib« einer Dichtung und gestaltete ihn mit ihrer Stimme. (»Der Klangleib der Dichtung« ist eine ihrer Veröffentlichungen, die 1946 in Hamburg erschien.)

Zu den Märchen war sie über ihren Mann Adolph Mönckeberg gekommen. Er hatte der damals jungen Schauspielerin – noch an der Königlich Preußischen Schauspielschule in Berlin ausgebildet – zur Verlobung die ersten Bände der Reihe »Märchen der Weltliteratur«, die der Eugen Diederichs Verlag in Jena herausgebracht hatte, geschenkt. Wirklich entdeckt hat sie die Märchen aber erst nach seinem frühen Tod. Er ist 1915 bei Langemarck gefallen. Vilma Mönckeberg hat zunächst jungen Müttern Märchen vorgelesen. Das war noch im ersten Weltkrieg, als viele Frauen plötzlich ohne Mann dastanden. Die Frauen fanden, »das müssen unsere Kinder hören«. Also fing sie an, Kindern zu erzählen. Aber bald merkte sie, dass Märchen gar keine Kindergeschichten sind. Also richtete sie sich darauf ein, Erwachsenen Märchen zu erzählen. Das war etwa zur gleichen Zeit, als sie sich als Interpretin von Hölderlin und Rilke einen Namen machte.

Unter dem Gesichtspunkt, dass unter hundert Märchen höchstens zehn Kindergeschichten sind, hat sie die in diesem Buch vorgelegte

Auswahl getroffen. So ist es im Sinn der Herausgeberin, dass alle, die mit Kindern umgehen, ihnen die Märchen nicht zum Lesen in die Hand drücken, sondern sie nach Möglichkeit erzählen oder wenigstens vorlesen. Auch beim Vorlesen wird das Kind noch vom Stimmklang der ihm vertrauten Person erreicht.

Unerlässlich ist auch die Überlegung, welches Märchen für das zuhörende Kind schon geeignet ist. Nicht nur das Alter ist dabei zu berücksichtigen, sondern auch die momentane Verfasstheit des Kindes oder die Erzählsituation selbst, die in einem Kindergarten mit einer Gruppe von fünfundzwanzig Kindern eine völlig andere ist als die Eltern-Kind-Situation in einer Familie. Empfindliche und ängstliche Kinder vertragen manche Märchen nicht jederzeit. Manche sollten für später aufbewahrt werden. Wir brauchen nichts zu verfrühen. Als wichtige Faustregel gilt außerdem: Märchen, mit denen Eltern oder Erzieher selbst Schwierigkeiten haben, dürfen sie auf gar keinen Fall an die Kinder herantragen. Die Kinder spüren die Vorbehalte der Erwachsenen immer unterschwellig mit und werden verunsichert. Andererseits gilt es mitzubedenken, dass es nicht gut tut, Kinder nur in einem Schonraum zu halten. Sie erleben in ihrer Umgebung genug »Grausamkeiten«, auch durch Unverständnis in der eigenen Familie. Märchen aber bieten sich als Projektionsträger an. Das heißt, die Kinder identifizieren sich mit bestimmten Märchenfiguren und erleben mit diesen eine Wendung oder Erlösung, die ihnen gut tut. Viele durch Vater oder Mutter verursachte Ängste bekommen so einen »Abfuhrweg«, wenn zum Beispiel der Wolf in den Brunnen fällt oder die Hexe verbrannt oder im Teich ersäuft wird.

Auch heutige Kinder brauchen noch die alten Märchen. Nicht nur, weil sie von vielen Dingen erfahren, die aus unserer Welt verschwunden sind. Nicht nur, weil sie von Zeiten hören, in denen Hunger und Not zur Selbstverständlichkeit gehörten. Es hilft ihnen auch, mit unsichtbaren Helfern und Widersachern bekannt zu werden, von Menschen zu hören, die ein unerschütterliches Vertrauen ins Leben haben und sich vor nichts fürchten. Sie können Wunderbares miterleben und werden so in ihren unbewussten Ahnungen bestärkt, die von der heutigen Erwachsenenwelt häufig nicht mehr an- und ausgesprochen werden.

Felicitas Betz